내 마음 꽃밭에서

샘문시선 1056

샘문뉴스 신춘문예 수상 기념시집
고욱향 제3시집

K-poetry

푸른 바다가 되고 싶은 소녀는
바다를 연모하였다

비에 젖지 않은 웅장한 바다
소녀는 파도를 사랑해서
바위에 부딪히는 물꽃을 보며 침묵을 삼켰다

바다는 그리움을 삼키면서
마음의 아픈 상처를 치유했다
침묵을 삼키는 바다의 침묵을 보았는가?
〈바다의 침묵, 일부 인용〉

술래잡기하는 꼬마 아이처럼
설레임으로 가득찬 오늘이 큰 행복입니다

해 뜨는 것을 보면서
감사하는 마음으로 살아갑니다
행복한 얼굴은 가까운 곳에서
윙크를 하고 있답니다
〈행복한 얼굴, 일부 인용〉

어쩌다가 내 별명이 바보가 되어 버렸다
바보는 오늘도 하하 웃어 본다

바보야 바보가 되니까 어때?
무서운 꽃, 아편 같은
양귀비꽃이 되시 압시다
〈바보, 일부 인용〉

_____ 님께

_____ 년   월   일

_____ 드립니다.

도서출판 샘문

샘문뉴스 신춘문예 수상 기념시집

내 마음 꽃밭에서

고욱향 제3시집

여는 글

　살아온 세월만큼 할 이야기들이 많았습니다
수많은 이야기를 한 문장 한 문장 시편으로 내놓으며
가슴 한 켠에 자리 잡았던 모든 이야기 쏟아내었으나
좀 부족하다는 생각을 지워버릴 수가 없습니다.

　더 많은 이야기를 더욱 아름답게 꽃피우는 시인으로
거듭나겠습니다.

　조금은 걱정스러운 마음으로 시편들을 세상 밖으로
여행을 떠나보냅니다.

　사랑하는 가족들과 형제자매들에게 사랑한다는 말을
전합니다. 그리고 문단의 문인 여러분, 꽃송이를 사랑하
면서 꽃 같은 마음으로 꽃길을 걸어가는 지인님들과 독
자분들께 감사의 말씀 전합니다.

　그리고 항상 지도편달 해주시고 본 시집을 윤문감수
해주신 저의 스승님이신 샘터 이정록 교수님, 회장님께
고개 숙여 감사의 말씀 전합니다.

여는 글

　또한 샘문시선 출판사에서 문화체육관광부 소속 한국문화예술복지재단에 예술인 등재를 도와주시고, 시집 출판비 지원업무를 도와주신 담당자님들과 기획, 교정, 교열, 편집, 인쇄, 제본을 너무나 훌륭하게 해주신 에디터 등 직원분들께도 감사의 말씀 올립니다.

　제3시집을 쓰면서 많은 것을 배우고 느껴보았습니다.
시는 쓰면 쓸수록 어려운 숙제였습니다.
모든 분들게 행복을 선물합니다. 감사합니다.

2024년 11월 07일

고운 단풍이 든 지리산자락에서

시인 **고옥향** 드림

비움의 시학에 맺힌 여성성의 빛

– 심종숙(문학평론가, 문학박사)

시는 마음의 밭에서 시심을 길어 올린다. 그 밭은 처음에는 무無였다. 그러나 인간이 성장해 감에 따라 그 밭은 온갖 것들로 가득차게 되었다. 좋은 것이든 나쁜 것이든, 바른 것이든 바르지 않는 것이든지, 한 인간이 살아오면서 욕망하던 모든 것들로 가득 차 있다. 욕망의 그늘 속에서 인간은 자기 자신과도 타인들과도 길항할 수밖에 없는 존재일 것이다. 욕망은 긍정적이든 부정적인 것이든 이도저도 아닌 것이든 우리 안에 끊임없이 피어오르는 생의 에너지이기도 하다. 그것 자체로 그렇다는 말이다. 밭 그 자체가 무였으나 그것이 묵정밭이 될 수도 있고 비옥한 옥토가 될 수도 있고 잡초가 수북이 나있는 밭이거나 좋은 씨앗이 발아하여 성장하고 열매가 맺는 밭일 수도 있다. 우리 마음에 뿌려진 씨앗을 어떻게 자라게 하고 가꾸는가는 그 밭의 주인이 하기 나름이다.

고욱향 시인은 이번에 세 번째 시집을 내면서 이 시집에서는 심선心田 가꾸기에 더욱 정진하는 모습을 보여주고 있는 듯하다. 남도의 지리산이 보이는 구례에 살면서 바쁘고 긴장되는 도시생활을 떠나서 자연과 벗을 하면서 자신의 꽃밭을 소박하게 가꾸는 그녀에게 종교적인 수행의 자세라고까지 말하기가 어려워지는 것은 그녀의 자세가 평범한 일상 가운데서 지극히 겸손하고 소박함을 지니고 있기 때문이다. 그녀는 인간이 얼마나 자연의 혜택을 누리고 살았는지, 이 우주와 더불어 지복을 누렸음에도 인간이 만

평 설

들어낸 모든 것들의 노예가 되고 자연 생태환경이 파괴되어 스스로 고통을 받고 있었는지 알기에 꽃을 찬탄하고 전원생활의 기쁨을 메말라가는 도시인들에게 말하여준다. 어쨌든 고욱향 시인은 평범한 삶 가운데서 고운 글의 빛 줄기를 잡아서 한 편 한 편 빛의 올을 짜고 있는 것이다. 그래서인지 그녀의 시는 읽기에 어렵지도 않고 시법의 기교를 특별히 부리지 않았다. 그녀의 시는 자신의 내면으로부터 자연 발생적으로 흘러나오는 대로 쓰여진 것 같다. 현대시가 점점 더 난해해져서 시학에 대한 이해가 없는 대중들에게 공감을 주기 어려운 실정에서 고욱향 시인의 시풍은 불특정 다수의 대중들에게 쉽게 이해되면서도 공감과 소통을 하기에 별다른 어려움이 없다는 점도 장점일 것이다. 그녀의 시들은 특별히 시법이나 기교 등의 시학을 공부하여 거기에 맞추어 쓰려고 하지 않았기에 일면 쉬운 듯도 하나 중요한 것은 시의 언어 표현에 있어 그 시인이 살아온 삶의 경험들 속에서 사물을 인식하는 의식이나 방법이 결국 시편의 중요한 핵을 이룬다는 것, 그것이 그 시인만의 독창성과 창조성으로 이어진다는 필자의 시와 시인을 바로 보는 주안점에는 늘 변함이 없다.

2

고욱향 시인의 제3시집 『내 마음의 꽃밭에서』는 시집의 구성이 모두 5부로, 제1부 내 마음의 꽃밭에서, 제2부 노을빛 그리움, 제3부 그리다 만 그림, 제4부 바람이 전해주는 말, 제5부 허수아비 축제로 구성되어 있다. 이 많은 시편들 속에서 그녀가 보여주는 시적 에스프리는 첫째 자유와 해방이다. 상처의 치유와 어려웠던 삶에 대한 회고이기도 하고 유년기의 추억을 돌아보기도 한다.(「장수풍뎅이」

「징검다리」) 그러니까 기억과 치유가 두 번째 요소이다. 그리고 안빈낙도의 전원생활과 자연물에 대한 경이로움과 찬탄, 내면에서 올라오는 여성으로서의 생과 사랑에 대한 희구, 죽음을 직면하는 암환자 병동인 호스피스 병동 봉사활동 경험에서 깨달음을 얻은 듯한 낮아짐과 탈욕에서 오는 소박한 시미詩味의 창조(「대봉감을 깍다」「어깨동무」「파랑새」「노을」「겸손한 사치」「할아버지와 리어카」「하늘타리꽃」) 등이다. 이 모든 요소를 감싸고 있는 것은 바로 강한 여성성이며 그것은 자신과 같은 여성인 그녀의 어머니와 이어져 있다. 그리고 거기에는 어머니의 사랑과 한 여성의 사랑이 겹쳐 흐른다.

    숲길을 오르다 산에 오르다 보면
    알알이 영근 도토리 발밑으로 떨어져
    도르르 구른다

    바람이 나에게 주는 선물
    여기저기 주워서
    호주머니에 넣다 보니 다람쥐
    양식까지 줍고 말았구나

    다람쥐 몰래 도루 내려놓고 나니
    그제야 홀가분한 마음
    다람쥐 날으는 날쌘 모습에
    저 높은 곳에 남은 도토리
    빛나는 양식으로 남게 하소서

    손에 쥔 도토리 한 알
    넘치는 사랑으로 던져준다

            「도토리 한 알」 전문

> 평 설

　이 시는 시인의 일상에서 맞이한 산 속 산책길에서 우연히 가을의 열매 도토리를 줍게 되었고 다람쥐의 양식이라는 생각에 미치자 주운 것을 모두 내려놓는다. 바람과 자연이 주는 선물인 도토리, 그러나 그것은 다람쥐의 양식이 되어야 함을 알고 주운 것을 내려놓는 시인의 마음이 보인다. 그리고 남은 한 알의 도토리마저 다람쥐의 것으로 멀리 던져준다. 그 사랑의 한 알을 던지는 시인의 행동은 무욕에 이른 자세를 보여준다. 이 시는 일상의 경험을 통하여 무욕의 삶을 살고 있는 시인의 일상을 엿보게 한다. "저 높은 곳에 남은 도토리/ 빛나는 양식으로 남게 하소서"라는 시인의 기원은 천상을 지향하는 이의 천상에 대한 겸허함과 외경감을 드러낸다. '양식'은 이 시에서는 도토리의 생을 위한 음식이지만 시를 읽는 이들에게는 영혼의 양식이다. 음식의 양식과 영혼의 양식 이 두 가지를 인간이나 동식물은 먹고 자라고 성장하여 결실을 맺어간다. 생을 위한 양식은 바로 영혼의 양식이기도 하다. 무욕의 마음은 바로 영혼의 양식을 많이 먹은 이가 도달하는 마음이다. 자신의 이익을 구치 않고 남을 위해서 나누어주는 것은 무욕의 영혼을 지닌 나눔 실천을 하는 인간이 보여주는 태도이다. 이 한 편의 시는 자연과 인간, 자연과 동물, 인간과 동물이 어우러져 살아가면서 서로를 배려하는 모습에서 빛을 발하고 있는 시이다. 다음으로 「눈 위에 쓴 편지」에 나타난 시인의 사랑에 대한 의식을 살펴보자.

　　하얀 달빛에 날리는 꽃 한 송이
　　소복소복 쌓이네, 그리움처럼
　　파란 솔잎 속에 묻혀 나를 사랑하게 해주오
　　하얀 세상을 보고 싶습니다
　　눈 위에 사랑을 쓰고 싶습니다
　　사랑의 꽃씨를 심고 싶어요

하얀 눈 위에 쓰는 편지는
　　　햇님이 눈물을 흘리면
　　　모든 하얀 눈들이 녹아 없어질지라도
　　　가난한 내 영혼을 위하여
　　　하얀 설원 편지지에
　　　사랑을 쓰고 싶어요

　　　　　　「눈 위에 쓴 편지」 전문

「도토리 한 알」이 무욕의 마음 상태를 표현하였다면 「눈 위에 쓴 편지」에는 무욕으로 가난해진 나의 마음으로 인해 사랑을 갈구하는 시인의 영혼을 표출하고 있다. 이 시의 세계는 매우 깊고 오묘하다. 동심에 가까우면서도 경지에 이른 어른의 심성이 녹아나 있다. 내리는 눈의 알갱이를 달빛에 날리는 꽃 한 송이에 비유하여 특정화 하고 있다. 수많은 알갱이의 눈이 내리겠지만 그 한 알갱이의 눈꽃을 한 송이의 꽃으로 비유하여 특정화하는 것은 바로 시인 자신이 홀로임을 말한다. 단독자로서 자신을 말하기 위해서이다. 시인의 영혼이 가난해진 것은 절대자나 천상의 세계를 외경하기에 그 대상에 대해 자신은 단독자로 홀로 있는 것이다. 그것은 영혼의 상태가 그렇다는 의미이다. 그러기에 비워지고 고독을 스스로 지닌 가난해진 영혼은 사랑을 구할 수밖에 없다. 그 사랑은 단순히 남성을 그리워하는 여성의 사랑(「장끼와 까두리」「도담삼봉」)과 같은 에로스의 사랑을 넘어서 절대자의 사랑을 구하고 있다. 그 근거는 제2행 "파란 솔잎 속에 묻혀 나를 사랑하게 해주오"라는 기원에서도 알 수 있듯이 이 사랑은 상록수인 소나무의 솔잎으로 비유되는 절개와 영원성을 지닌 존재에 대해 사랑을 하려는 자의 마음이 담겨있다. 그리고 자신이 희구하는 그 사랑이 소나무잎처럼 영원하길 기원하고 있다. 인간은 사랑을 하기가 힘이 든다. 아니 인간의 사랑은

평 설

조건의 사랑에 가깝기에 자기를 내어주는 사랑에 이르기는 어렵다. 인간이 사랑 그 자체의 존재는 아니지만 사랑 그 자체인 조물주의 피조물이기에 닮아 있어서 사랑의 존재로 거듭날 때야말로 행복에 이르고 생명에 이른다. 사랑 그 자체인 절대적 존재와 완전한 합일, 완전한 닮은꼴에 이른다. 이 과정은 매우 지난하고 자신을 깎아가는 과정이며 시간이 오래 걸린다. 이 표현은 참으로 고육향 시인이 아니라면 표현해내기 어려운 것이다. 자신을 사랑할 수 있는 존재가 되게 해달라는 간절한 기원은 하나의 열렬한 그리움이다. 사랑 그 자체인 존재에 대한 희구이자 영속성을 지닌 그리움이다. 그 존재는 절대자이다. 그 다음 부분은 시적 화자 나의 욕망을 드러내는 '--싶어요'라는 표현이다. 이것은 3행에 걸쳐 호소한다. 하얀 세상을 보고 싶다는 것과 눈 위에 사랑을 쓰고 싶다는 것, 그리고 사랑의 꽃씨를 심고 싶다는 것이다. 그리고 마지막 연에 가난한 자신의 영혼을 위하여 하얀 설원 편지지에 사랑을 쓰고 싶다고 다시 한번 반복을 함으로써 시적 화자의 다짐과 더불어 반복을 하여 강조 효과를 높이고 있다. 하얀 세상의 반대는 까맣고 어두운 세상일 것이다. 하얀 세상은 정결한 세상, 욕망에 물들지 않고 염결한 세상이어서 바로 시인이 꿈꾸는 세상이다. 그런 세상이 올 때까지 시인은 사랑을 쓰고자 한다. 속된 세상을 이탈하여 자연과 조화롭게 살고 인간의 이둠을 보기 보다 인간과 삼라만상을 밝게 긍정적으로 바라보는 눈을 갖고 싶다는 바램이 깃들어 있다. 눈 위에 사랑을 쓰고 싶다에서 설원은 시인이 건너가야 할 이 세상의 시간이라고 한다면 그녀는 이기적이고 계산적이며 거래하는 사랑이 아니라 참사랑을 쓰고 싶다는 것이다. 쓴다는 행위는 시인인 그녀에게 끊임없이 하는 시 창작이겠지만 사람들에게 따듯함과 평안함, 깨달음과

비움의 사랑을 글로 쓰고 싶은 마음을 드러내고 있다. 비움의 사랑을 시적으로 형상화하는 창조 작업에 자신의 꿈이 있다는 말이다. 그리고 사랑의 꽃씨를 이 세상에 심어서 자라게 할 책무가 시인 자신에게 있음을 잘 인식하고 이 시를 쓰게 된 것이 바로 사랑의 꽃씨를 뿌리는 행위이다. 고욱향 시인에게 시는 사랑이다. 시 쓰기는 사랑의 행위이다. 설원은 그녀가 채워야 할 원고지이다. 시는 언어예술이다. 시의 언어가 사랑의 언어여야 한다는 것은 자명하다. 시의 말은 사랑의 꽃씨일 터 꽃씨는 생명을 품고 있고 변화한다. 사랑의 꽃씨는 흙 속에서 싹이 나고 뿌리를 내리고 줄기가 자라서 잎이 나오고 꽃이 피고 열매를 맺게 해야 한다. 사랑의 꽃씨는 어디에서 자라는가. 바로 대지의 어머니 흙이 품는다. 그녀는 전원생활 속에서 땅을 어머니의 품으로 보고 그것은 사랑이며 여성이며 육친의 어머니와도 맥이 닿아있다.

> 석양빛에 불살라 가는 여인들의 마음
> 구름 속으로 숨어들어
> 아름다운 수채화 그림을 그리네
> 그리움은 하늘 속에서
> 상상화 날개가 되어 늘 타들어 가는
> 황홀한 사랑 빛으로
> 근심 걱정 지울세라
> 태양 빛에 눈이 부셔
> 쳐다볼 수 없는 고귀한 사랑
> 그대 오시는 길 비춰드리리
> 붉은 노을이 서산으로 바쁘게
> 넘어가는 것은 하루의 지친 마음
> 쉬려고 함이니
> 꿈속에서 아름다운 세상이어라
>
> 「노을빛 그리움」 전문

평 설

 "석양빛에 불살라 가는 여인들의 마음"은 세상 근심 걱정으로 수고로웠지만 "쳐다볼 수 없는 고귀한 사랑"을 품은 사람들이었다. 여성들은 전통적으로 결혼 전에는 가부장제도 아래 아버지에게 순종하였고 가정을 가진 후에는 남편을 따랐다. 그 후 아들을 따르며 살아야 한다고 가르쳤던 것은 유교주의적 색채가 짙었던 오리엔트 사회에서 전통적인 여성들의 삶이었다. 그러나 모던 걸과 신여성들은 직업을 지니고 사회의 일원으로서 살았다. 아직도 가부장적인 질서가 짙은 한국사회에서 여성들은 결혼과 가정생활 속에서 남편과 아이들을 위해 자신을 바쳤다. 그런 사랑은 어머니 때부터 이어져왔으며 태양빛에 눈이 부셔 쳐다볼 수조차도 없는 고귀한 사랑이었음을 시인은 알고 있다. 시인 역시도 결혼생활을 하면서 가정 안에서의 역할이 있었을 것이다. 여성들은 자신들의 삶을 마치 노을빛처럼 불살라 가면서 어머니가 되어 갔다. 그런 여성들에게 '그대'는 어떤 존재일 것인가. 이 시에서는 꿈속에서라도 가져다주는 아름다운 세상을 선물해주는 존재가 아니었을까. 이 시는 노을의 핏빛을 가슴에 지니고 살아갔던 이 땅의 여성들, 그리고 어머니들을 위한 시인 것 같다. 이 시에서의 그리움이 단순히 이성에 대한 희구의 그리움이라면 이 시는 연애시에 지나지 않는다. 그러나 이 시의 그대는 그런 여성들과 어머니들에게 한 줄기 빛을 가져다줄 '님'이 아닐런가 한다. 긴 삶의 터널에서 순간마다 마주하는 고통 속에서도 순간 순간 오시는 그대는 마치 노을을 불살라 살았던 그 어머니들에게 황홀한 사랑으로 하루의 지침으로부터 안식과 위안을 주는, 다시 다가올 하루를 살아갈 삶의 에너지를 주는 그런 '그대'일 것이다. 그 때에는 그 어머니들이 세상살이 근심 걱정으로 가득한 마음에도 붉고도 노란 등불처럼 타오르는 노을빛으로 충만했으

리라. 인생의 반 고비를 넘기고 황혼기를 맞이하는 여심을 노래한 시(「해당화」「유월의 청보리밭」「에키네시아」)라 생각된다. 그런 여인네들은 「코뚜레」에서처럼 어린 송아지가 성장해가는 역사를 노래한다.

> 두 눈에 눈물이 그렁그렁 어린 송아지
> 코뚜레를 뚫었습니다
> 하늘도 울고 소도 울고 쳐다보는
> 나도 울었습니다
>
> 코를 뚫는 것도 가혹합니다
> 인생길 한고비 넘기면 또 한고비
> 굽이굽이 세찬 비바람을 이기고 살아가야 합니다
>
> 집안의 악귀를 쫓는다는
> 코뚜레 장식으로 집을 지키는 수호신
> 천방지축 날뛰는 송아지 길들일려고
> 두 콧구멍 뚫었습니다
> 아이는 아프겠지만 꾹 참는 연습을 합니다
>
> 아픈 만큼 성숙해지면서 어른이 되어 갑니다
> 여자의 일생 노래 가사처럼
> 괴로움을 슬픔을 안고서
> 어린 송아지는 어른이 되는 연습을 합니다
>
> 　　　　　「코뚜레」 전문

코뚜레는 송아지 때에 뚫어서 소를 몰 수 있게 하는 장치이다. 끝이 날카로운 나무를 불에 그을려 둥그렇게 휘게 하여 모양을 만들고 송아지의 오른쪽 코와 왼쪽 코 사이를 꿰는 일이다. 그렇게 꿰어야 송아지가 성장해가는 데에 따라 부릴 수 있게 된다. 날카로운 나무 끝이 통과한 코에

평 설

서 피를 흘리는 아픔을 겪으면서 상처가 아물고 코뚜레는 자리를 잡는다. 송아지는 그렇게 하여 점점 더 자라서 소가 되는 것이다. 그것처럼 한 여성이 어머니가 되어 가는 과정도 이와 같은 것이다. 아픈 만큼 성숙해지면서 어른이 되어가는 것이다. 어린 송아지의 괴로움과 슬픔을 여자의 일생 노래 가사에 비유한 것은 한 여성이 어머니가 되어 그 삶을 살아간다는 것이 어린 송아지가 겪는 고통과 슬픔이 등가의 관계에 있다는 것을 시인은 인식하고 있다. 이러한 정서는 「멍에」「누름돌 사랑」에서도 표현되어 있다. 소가 코뚜레에 평생 동안 자신의 생을 끌려다니 듯이 여성의 어머니로서의 삶이 그것과 동일함을 시인은 깊이 인식하기에 그런 여성들에게 구원은 무엇이겠는가. 바로 자유와 해방일 것 터이다. 그녀가 시를 꿈꾸고 쓰는 것도 자유와 해방의 몸짓이지 않겠는가! 코뚜레의 삶을 시가 구원하여 주는 것은 시인의 삶이기에 하얀 설원에 사랑의 시를 쓰고 사랑의 씨앗을 뿌릴 수 있을 것이다. 이 욕망은 시적 주체에게 생명감과 구원, 자유와 해방으로 얻어지는 상처 치유의 길이 되어주고 있다. 시업을 하는 길은 바로 치유의 길이요 자유와 해방의 길이다. 코뚜레의 삶을 버릴 수 있는 것이 소와는 다른 인간의 삶이다. 소는 코뚜레의 삶에 인종으로 익숙한 삶이 되었겠지만 여성의 삶은 그와 비슷하지만 인간이기에 출구를 찾을 수가 있다. 시를 쓰는 일, 고독에 머무는 일, 절대자와 만나듯이 내면의 자기를 만나는 일은 시인에게 특별한 시간이 될 것이다.

초록빛 속삭임을 보았습니다
녹색의 한숨 소리 느끼면서
바윗덩어리 꼭 붙들고서 뜨거운 여름날
폭염 밑에서 죽는 시늉을 하다가
겨울에는 꽁꽁 얼었다가

풀어졌다가 새봄 새날이 찾아오니
녹물 들면서 고통 속에서 뒹굴거리는
촉촉이 젖은 눈물방울을 보았습니다
초록 이끼의 느림의 미학을 보았습니다

이끼꽃 피어날 때
환희의 기쁨을 짜릿짜릿한 충동질에
눈을 떠보니 고추보다 더 맵고 매운
울 어무니를 보는 것 같았습니다
이끼는 파란 눈물 흘리면서
바위를 초록 바위로 탄생시키는
초록빛을 그리는 화가였습니다

「이끼의 파란 눈물」 전문

 인종의 시간은 느리고 더디기만 하다. 이끼를 바라보면서 시인이 한 관찰력이 돋보이게 하는 시이다. 이 시는 이끼의 생태를 면밀히 관찰하고 이끼가 지니는 생태의 특성을 가지고 고향욱 시인 자신과 어머니의 삶을 오버랩 시키고 있다. 그리고 미학적으로 상당한 높이와 깊이를 지닌 이 시에서 시인은 자신의 삶을 고백하고 있다. 이 고백은 진솔하고 이 땅의 여성들이 걸어왔던 삶과 다름이 없기에 공감의 지평을 넓히고 있다. 초록 이끼가 초록 바위로, 초록빛을 그리는 화가로 점층적으로 변화되어 가는 것은 이끼의 생태나 사람의 생태가 이와 다름없는 것임을 말하고 있다. 시인 자신과 어머니의 삶이 초록 이끼의 생태에 있었다는 이 시는 참으로 사물을 통한 예리한 통찰인데 거기에는 자연의 동식물과 소통하고 공감하는 시인의 공감 능력이 있었다고 생각된다. 이끼를 사람으로 의인법을 써서 이끼, 시적 화자 나, 시인, 어머니는 공통의 삶의 경험을 지니고 고통의 공감대를 형성해 간다. 이것은 또한 시인과 독자 간의 공감대로 형성될 수 있는 부분이다.

평 설

당신은 하늘 높은 곳에 계시지만
꽃밭에 피는 꽃은 그대 사랑입니다
꽃을 보면서 감성을 키우시고 인내하셨던
당신은 위대합니다
수국 꽃길만 걸으십시오

그대의 꽃밭을 만들어 놓았습니다
달빛으로 별빛으로 내려오셔서
엄마의 마당을 산책하십시오
당신의 끈을 놓치않으려고
씨앗을 뿌리고 꽃을 가꾸면서
그대를 그립니다

꽃 속에서 환하게 웃는
그대 꽃을 보았습니다
땅은 거짓말을 하지 않고 정직합니다
꽃술에서 그대의 눈물을 만났습니다
세상에서 가장 아름다운 것은
엄마의 마당입니다

「엄마의 마당」 전문

 세상에서 가장 아름다운 것은 엄마의 마당이라고 하는 시인은 뼈저린 희생이 있었기에, 절절한 사랑이 있었기에 가능했던 어머니로서의 삶은(「그루터기」) 고귀한 사랑이었으며 빛나는 사랑이었음을 노래한다. 이 시는 그렇게 살았던 어머니들을 위로하고 상찬하고 있다. 여성 필자에 의한 여성성의 상찬은 여성들에게 깊은 공감을 얻을 수 있다. 여성이 가정의 중심이며(「중심」), 올챙이 가족의 비유에서처럼 가정에서 중요한 위치에 자리매김 한다.(「올챙이 가족」) 어머니 마당은 곧 고욱향 시인의 설원과 동일하다.

그녀에게 시 쓰는 원고지인 여백, 어머니 마당은 그녀가 독자들을 위해 마련해놓은 어머니의 넓은 품이다. 그 품에서 독자들은 어머니의 넓고 깊은 사랑을 그녀의 올올이 짠 빛줄기를 통해서 체험할 것이다. 어머니 마당에는 사계절 마다 아름다운 자연이 어우러져 꽃이 피고 향내를 낸다. 그 어머니의 마당은 언제나 넉넉하고 넓고 깊다. 이 시에서 당신과 그대는 많은 대상을 함축하고 있다. 당신은 외경의 대상이거나 절대자이거나 하늘나라의 어머니일 것이며 그대는 어머니의 마당으로 초대하는 모든 사람일 것 같다. 어머니 마당은 지상의 천국일 수도 있고 삶에 지친 사람들이 머물러서 새로운 생명력을 얻을 수 있는 곳으로 바로 대지이고 땅이기도 하다. 대지는 흙이라는 여성성의 이미지로 되어 있고 거기에는 생명을 품고 싹을 틔우는 곳이다. 그리고 지상의 축제를 벌이는 곳으로서 풍성한 가을의 결실이 깃든 곳이기도 하다.(「허수아비 축제」) 고욱향 시인의 시집 속에 벌여놓은 시의 향연은 곧 그곳으로 초대받은 자들이 소통과 공감을 하는 공간이며 축제의 장이다. 그것은 엄연히 언어예술을 통하여 이루어지는 공간으로서 결실이 가득하면서도 비움의 마음인 상반되면서도 하나인 공간이 될 것이다.

끝으로 고욱향 시인의 제3시집 출간을 진심으로 축하드리며 문운이 창대하시길 기원드린다.

감수 - 시인 이정록 교수

샘문시선 1056

샘문뉴스 신춘문예 수상 기념시집
내 마음 꽃밭에서
고욱향 제3시집

여는 글 / 4

제1부 : 내 마음 꽃밭에서

해당화 / 26
하얀 목련 / 27
수양 홍도화 / 28
장수풍뎅이 / 29
향기 별꽃 / 30
내 마음 꽃밭에서 / 31
어깨동무 / 32
에키네시아 / 33
들꽃마루 / 34
뚱딴지꽃 / 35
석류 / 36
자주괴불주머니 / 37
하늘타리꽃 / 38
연꽃 / 40
물레나물꽃 / 41
파랑새 / 42
장끼와 까투리 / 43
탱자 / 44

제2부 : 노을빛 그리움

노을빛 그리움 / 46
노을 / 47
겸손한 사치 / 48
유월의 청보리밭 / 49
할아버지와 리어카 / 50
엄마 수첩 / 51
엄마의 마당 / 52
노랑꽃 창포 어머니 / 53
누름돌 사랑 / 55
심장의 노래 / 56
올챙이 가족 / 57
대봉감을 깎다 / 58
겨울 바다 / 59
청개구리 / 60
모든 것은 때가 있다 / 61
덕분에 / 62
징검다리 / 63
로또복권 / 64
지금 몇 시 / 65
중심 / 67
어느 할머니의 슬픈 사랑 이야기 / 68

제3부 : 그리다 만 그림

그리다 만 그림 / 70
달개비 여인 / 71
그리움이 타는 밤 / 72
고백 / 73
이별 / 74
사랑 / 75
불타는 사랑 / 76
사랑해 / 77
지울 수 없는 사랑 / 78
미련한 사랑 / 79
봉선화 연정 / 80
못 잊을 사랑 / 81
그대여 / 82
바다 너를 사랑했다 / 83
애련 / 84
눈 위에 쓴 편지 / 85
이끼의 파란 눈물 / 86
여름 강 / 87
겨울 연서 / 88
무지개 / 89
선물 같은 오늘 / 90

제4부 : 바람이 전해 주는 말

소낙비 / 92
술 한 잔 / 93
행복한 얼굴 / 94
중독 / 95
통증 / 96
모두가 기쁨입니다 / 97
거미줄 / 98
때죽나무 / 99
오리 가족 나들이 / 100
바람이 전해주는 말 / 101
고통 / 103
상처 / 104
목숨 / 105
바다의 침묵 / 106
직박구리 / 107
입영열차 / 108
기억을 맞이하는 봄 / 109
하늘 바람 소리 / 110
손수건 사랑 / 111
나는 자유롭다 / 112

제5부 : 허수아비 축제

멍에 / 114
소금 / 115
이쁜 거짓말 / 116
버려진 우산 / 117
달걀 / 118
천상운집 / 119
그루터기 / 120
바보 / 121
자연 공책 / 122
갈매기 / 123
꼬막의 향기 / 124
코뚜레 / 125
달팽이처럼 그렇게 / 126
허수아비 축제 / 127
땅따먹기 / 128
사마귀 / 129
논 물꼬 싸움 / 130
도담삼봉 / 131
도토리 한 알 / 132
흑두루미 / 133

제1부

내 마음 꽃밭에서

해당화

동해바다 붉은빛
강릉 경포대 여인

차가운 솔바람 모래땅 즈려밟고서
모질게 강하게 피어나는 여인
바닷바람 여미고 사랑을 키우네

홀연히 지나가려 하니
바쁜 길손 걸음을 잡아주네

파도 소리 내 마음 흔들어도
호수에 비치는 그녀의 그림자

나를 반겨 웃어주니
가슴 시린 여인이어라

하얀 목련

기다림의 시간들
찬란한 햇살이 번지면
목련 한 송이 내 가슴 빈자리에
달빛 되어 비추네

목련꽃 지는 어느 날
안개비 슬피 내리는 봄날
어둠 밝히는 새하얀 꽃등
슬픔을 참지 못해서 화라락
터져 버리는 그리움

꽃이 피어날 때는 아름답지만
낙화 되는 슬픔을 그 누가 알리오
하늘 냄새는 어떤 향기가 날까

수양 홍도화

꽃들의 노랫소리 들리는
꽃 터지는 봄날에 제멋대로 잘난척하면서
쭈욱 늘어진 가지 끝에 정열의 화신으로 찾아와
징허게 아름다움을 자랑한다

꾀꼬리 한 마리 날아와 노래 부르니
환장하게 빨갛게 타오른다
잃어버린 첫사랑도 꽃으로 찾아오고
멍울진 쓰라린 마음 꽃숭어리 속에 넣어 두었다

꽃은 목마른 이에게 생명의 젖줄입니다
하늘빛 풍경이 아름다워서
두 눈을 뜨지 못했더니
어디선가 암행어사출두요 길을 비켜라

수양 홍도화 터지는 봄날이
미치도록 아름다운 꽃들이
속삭이는 봄봄이로구나

장수풍뎅이

장군처럼 멋들어진 널 쳐다보면
반하지 않는 자, 어디 있겠나

멋들어진 두뇌 떡 벌어진 두 어깨
너랑 나랑 친구들이랑 놀던 유년 시절 생각하니

따스해지는 가슴 살아가면서
널 몇 번이나 만날 수 있을까

오늘도 널 그리며
유년 시절로 달려간다

깊은 산중으로 날아가서
멋들어지게 너의 꿈을 펼치면서 잘 살아라

장수풍뎅이야 널 그리면서
크게 한 번 불러 본다
장수풍뎅이야

향기 별꽃

삶의 경계에서 아슬아슬한 줄타기를 하면서
시간을 보내는 호스피스 병동의
환우님들 위하여 기도를 합니다
세상살이는 마음대로 되지를 않습니다
삶의 아름다운 마무리를 함께하는
호스피스 병동의 간호사님들
그들 곁에서 묵묵히 지키는 가족들
내게 남은 시간은 얼마인가 얼마 남지 않았군요
불안에 젖은 얼굴을 보았습니다
함께 하면 즐겁게 멀리 갈 수 있듯이
하늘나라에 잘 도착하여서
제2의 인생길은 고통도 없고 통증도 없는
영원한 세상에서 꽃길만 걸으십시오
그 곁을 지키는 요양보호사들도
향기로운 별꽃입니다
아름드리 사랑을 드립니다
오늘도 고통 속에서 힘들어하는
호스피스 병동의 환우님들을 위해서
깊은 기도 드립니다
이별은 슬픈 꽃입니다

내 마음 꽃밭에서

참 행복한 마음으로 태어나고 싶은 것이
꽃이기에 마음을 심는다
그리운 사람은 불러도 대답이 없고
곱디고운 양귀비도 시들더라
세월이 짧다더냐, 인생이 길다더냐
이리도 바쁘게 사는데 세월이 짧은가!
바보처럼 저무는 해 바라보며
꿈처럼 예쁜 꽃길에서 들꽃으로 핀다 해도
슬퍼하거나 울지 않으련다
들꽃은 강인하니까

어깨동무

누군가의 도움이 필요할 때가 있습니다
꼬마 아이였을 때는 부모님이 어깨동무였습니다

유년기 때 어깨동무는 코흘리개 친구였습니다
보고 싶은 친구들은 어디에서 살고 있을까!

노년기 때 어깨동무는
사랑하는 가족들 아들딸이었습니다

힘들 때 누군가의 어깨동무가 되고 싶어서
큰소리로 외쳐봅니다

너는 누구의 어깨동무가 되고 싶은지
세상 앞에서 당당하게 큰소리로 외쳐보아라

에키네시아

신비스럽게 생긴 에키네시아 꽃을 보았다
성게 모습 밤송이를 닮아서 웃고 싶은 꽃
나비와 벌들이 꽃술을 찾아서 모아든다

여름 햇살에 성숙한 여인
오지 않은 임 그리워
애타는 마음 눈치를 챘나!

한 쌍의 나비가 방문하여서
꽃밭에서 그녀를 위한 축제를 열어주는데
영원한 행복을 위해서 피어나는 꽃이여!

눈부시게 아름다운 세상을 꿈꾸면서
꽃으로 환생하였으니
우주에서 제일 행복한 꽃
에키네시아 그대었다

들꽃마루

들꽃들의 재잘거림을 보고 싶어서
논둑 길을 걸어보았다

낮은 곳에서 땅바닥에 뽀짝 엎드린
들꽃은 조용한 울림으로 꽃을 피우고 있었다

사람 냄새가 메말라 가고 있는 척박한 이 세상
들에서는 들꽃의 소중함을 느껴야 합니다

산 아파서 몸살 앓으면서 돌아눕고
강물이 오염되어서 아프다

행복은 낮은 곳에서 깔려 있었다
눈에 보이는 들꽃 맞울림으로
사람은 마음에서 나오는 향기가 있어야 합니다

벌 나비 떼들 놀다가는
들꽃마루가 되렵니다

뚱딴지꽃

노오란 꽃 작은 해바라기 닮은 꽃이
해맑게 웃었다 효자동이 꽃이다
꽃은 당뇨에 좋다고 꽃잎 차로 변신해서
우아한 꽃 차를 마셔보니
뚱딴지꽃은 먼 기억 속의 생각들이
스멀스멀 찾아 들어왔다

동네 꼬마들과 연날리기 구슬치기
윷놀이, 썰매 타기 유년의 뜰에 도착하여서
철없었던 기억이 나서 깜짝 놀랐다
뚱딴지꽃은 추억의 꽃으로 피었다
하늘빛 그리움 풀어놓았더니
노오란 꽃 한 송이 엔돌핀 뿜어대면서
크게 웃는 꽃이 너무 이쁘다

그냥 웃었더니 어느 날부터 마음도 따라 웃었다
뚱딴지 생각 안 하고 마음 따라 행복도 찾아드니
그냥 크게 웃어보면서 하늘을 쳐다보니
큰 기쁨으로 그리움 솟구치는 날

석류

새콤달콤한 석류 한 알 톡 깨물어보니
찡긋 감기는 눈
시디 신 가슴

침묵의 시간이 흘렀다

바람이 불어서 석류껍질 옷이 벗겨지니
하르르 웃는 석류알맹이

태양 빛에 두툼한 입술 터지니
낮달도 웃고 나도 함께 따라 웃었다
석류껍질 속의 알맹이처럼

자주괴불주머니

계곡의 봄은 돌 틈 바위틈에서 새싹이 틉니다
스스로 깨어서 봄을 열어줍니다
계곡을 지키는 주인공입니다

숲속 길 걷다가 눈 맞춤 했던 자주괴불주머니
오를 때 보아도 내려올 때 보아도
자줏빛 설레임으로 등산객을 배웅합니다
누군가의 도움이 되려하는가

어르신들은 약용으로 쓰시고
식용으로 쓰신다고 한 움큼씩 뽑아 가셨네
산에서 만난 꽃, 집집마다 볼 수 있어서
사랑받는 꽃이랍니다

보물 주머니 차고서도
바람 불어도 꽃 대롱 끄떡없이 비디고 있다
마침표를 찍는 그 날까지 쓰러지지 않고
씨앗 번식으로 숲속의 주인공으로
산기슭에서 보랏빛 향연을 펼치고 있습니다

하늘타리꽃

바람에 나풀나풀 하얀 머리 풀어 헤치면서
하얀 레이스를 입고서 피어나는 꽃
신비스러운 꽃,

담쟁이넝쿨 사랑으로 줄기를 뻗는다
가을에는 노랑 열매 주렁주렁 달고서
마지막 열정을 쏟아 부었다

하늘을 보면서 열매를 달아서
하늘 수박이라는 멋찐 이름이 붙여졌다

호스피스 병동에서 만났던 새댁 얼굴이 떠올랐다
동글동글 예쁜 얼굴이 황달이 찾아와서
노란빛 얼굴로 변해갔었다

생의 마지막 종착역인 호스피스 병동은
편안한 쉼터입니다
미련 없이 세상의 끈을 놓으시고
두 눈, 지긋하게 감으십시오

사랑하는 할아버지 할머니 아버지 어머니로서
이 세상 잘 살아오셨습니다

최선을 다하셨으니
저세상에 가서서는 아름다운 꽃으로 피어나소서!
꽃길만 걸으소서!

연꽃

연잎에 그리움의 배 두둥실 띄우고서
도도하게 물 위에 앉잖다
흙탕물 속에서 피어났어도 저리도 고울까!

아침이슬이 맺히면 저토록 깨끗한 연꽃인 것을
속세에서 열심히 불공드리고
극락세계에서 다시 태어나게 하소서

연잎마다 방울방울 맺힌 이슬방울
온 세상을 밝혀주는 연꽃 등불 되게 하소서
합장하는 자비로움 이여라!

붉고 이쁜 입술로 향기로운 말
전하는 하루 되게 하소서

사방에 널브러진 작은 행복을 모아서
배고픈 마음 부처님의 자비로움으로
가득 채우게 하소서

물레나물꽃

기억 저편에 누군가 보고 싶어서
물레나 물꽃을 마당에 심어놓았다

과거의 기억을 붙들고 바람개비 닮은 꽃
황색 다섯잎꽃 노오랗게 피어서 나를 반겨주었다

뭐가 그리 바쁜지 숨차게 달려가다가
돌부리에 닿아서 넘어질까 두려운 내 나이
바람개비처럼 바쁘게 돌아가는 구나

돌고 도는 선풍기 날개처럼
과거의 기억을 붙들고 돌아간다

망각의 늪에서 허우적거리지 말고
황금빛 반짝이는 기억만 붙들어보면 좋겠다

파랑새

희망의 새 파랑새야 너를 찾아서
헛된 욕망에 빠져서 파랑새 증후군에 걸려서

현재에 만족하지 못하고 동화 속의 주인공처럼
헛된 망상에 허우적거리다가
늦은 후에야 깨달았다

행복과 행운은 가까운 곳에서
키재기를 하고 있었다
파랑새는 내 마음속에서 숨 쉬고 있었다

파아란 빛을 발산하면서
행복을 가져다주는 우체통
자유를 꿈꾸는 빨간 마후라

장끼와 까투리

푸른 숲속에서 울고 있는 꿩 한 마리
신랑 꿩은 큰 목소리로 울었다

꿩 우는소리에 들판의 보리가 노랗게 타들어간다
산까지는 사랑을 속삭이면서 손잡고 나는데
장끼 울음소리 메아리가 되어 부메랑이 되었다

장끼 울음소리, 아내를 그리워하는 슬픈 목소리
저 바다를 건너도 만나지 못하는 애증의 강인가!
곁에 있을 때 잘하라는 말이 생각난다

탱자

은행잎에 빠진 주렁주렁 열매, 탱자가 열렸다
동네 개구쟁이 아이들 긴, 막대기를 들고서
온 동네가 시끌시끌 하다

유일한 놀이터 탱자나무 앞
탱자 굴리기 던지기 탱자 따 먹기
공차기 종일 바쁘다

"느그들 거기서 뭐 하니?"

이웃집 형님도 탱자를 열심히 따신다
기관지 천식에 좋다고 탱자 청을 만들어서
시부모님 남편 드린다고 사랑을 따셨다

귤을 닮은 노란 열매 제 몸뚱아리 가시를 달고서
아프다는 말 한마디 하지 않고서 익어간다
새 한 마리 익어가는 가을을 노래한다

제 2 부

노을빛 그리움

노을빛 그리움

석양빛에 불살라 가는 여인들의 마음
구름 속으로 숨어들어
아름다운 수채화 그림을 그리네
그리움은 하늘 속에서
상상화 날개가 되어 늘 타들어 가는
황홀한 사랑 빛으로
근심 걱정 지울세라
태양 빛에 눈이 부셔
쳐다볼 수 없는 고귀한 사랑
그대 오시는 길 비춰드리리
붉은 노을이 서산으로 바쁘게
넘어가는 것은 하루의 지친 마음
쉬려고 함이니
꿈속에서 아름다운 세상이어라

노을

내 인생에 노을이질 때
대답해 주고 싶은 노래가 있습니다
인생은 미완성
하늬바람 불어오면 빛나는 삶은 아니지만
꽃을 보고 웃었다고
빛과 소금처럼 꼭 필요한 인생은 아니었어도
씨앗을 심으면서 흙냄새가 좋아서 웃었고
풀을 뽑으면서 벌레가 물어서
아프다고 하면서 소독약을 바르면서
투덜대는 소소한 일상에서 웃었노라고
노을이 질 때 꽃을 좋아해서
꽃 바보처럼 살았다고
꽃을 보면서 노래 부르고
꽃씨 심으면서 행복했다고

겸손한 사치

햇살 비추는 아침 창가에 앉아
커피 한 잔을 마셔본다네
달달한 시간 속에 녹아든다네
지저귀는 산새 소리 들으면서
작은 휴식에 고마움을 느낀다네
이 순간 이 느낌을 즐겨야 한다네

사치스러운 화려한 외출은 못 해도
겸손한 사치 속에 숨겨둔 행복은
달달한 커피 한잔을 마시면서
큰 행복을 느끼면서
꽃 멀미가 나도록 우리 집 마당에 꽃을 심고서
지리산 자락에서 겸손한 사치를 즐길 줄 아는
자신에게 깜짝 놀랄 때도 가끔은 있다네

보라 꽃피는 것을 보면시
작은 행복에 흠뻑 젖어 드는
꽃에 취한 꽃 바보 할머니
커피 한 잔을 들고서 꽃과 대화하는
꽃 사치는 진정한 아름다운 사치라네

유월의 청보리밭

청보리 익어가는 소리
유월이 타들어 가는 소리
바스락바스락 귓불을 스친다

미리내 노랑 물결 속에서
하늘을 품고 해를 품고 달을 품어봅니다

아픔의 자국 밟아가면서 설레임으로 가득 찼던
그 시절 그립고 그리워서 꽃술을 모아봅니다

타박타박 홀로 걷는 길 보리밭길 지우지 못하고
애절한 그리움으로 그 길을 걸어본다

멀리서 터벅터벅 걸어온 그대 발걸음 소리였나!
두 귀를 의심해 보니, 바람 소리였네

할아버지와 리어카

길거리에서 폐박스 줍는 할아버지
이마 위에 구슬 땀방울 흐른다
살아온 세월 값진 땀 흐른다
어르신을 가까이에서 보았다
뜨거운 태양을 피하세요
쓰러지면 안 됩니다, 조용히 말씀드렸다

"고맙소 고마워 아짐씨,
허허 웃으면서 시원한 자연 바람이 최고랑께"
내 이마에 땀방울을 훔치어 준당께, 하셨던
그분이 생각나는 어느 여름날

세월을 줍고 빈 상자를 고이 접어서
리어카에 가득 싣고서
덜그럭덜그럭 거리며 가셨던 뒷모습이
거리를 지날 때마다 떠오른다

엄마 수첩

퇴색해 버린 오래된 수첩이 있다
깨알 같은 글씨가 연필로 쓰여져 있다

집 주소 전화번호 집안의 애경사
아들딸 생일 적힌 엄마의 빛바랜 수첩을 보았다

사랑은 연필로 쓰셔요
지우개로 지울 수 있다는 노래가 생각난다

그대 생각에 수첩 속의 추억을 만져봅니다
그대여 그대는 나에게 올 수 없지만
나는 언젠가는 당신 곁으로 갈 수 있습니다

그때 꼭 껴안고 가겠습니다
빛바랜 수첩을

엄마의 마당

당신은 하늘 높은 곳에 계시지만
꽃밭에 피는 꽃은 그대 사랑입니다
꽃을 보면서 감성을 키우시고 인내하셨던
당신은 위대합니다
수국 꽃길만 걸으십시오

그대의 꽃밭을 만들어 놓았습니다
달빛으로 별빛으로 내려오셔서
엄마의 마당을 산책하십시오
당신의 끈을 놓치않으려고
씨앗을 뿌리고 꽃을 가꾸면서
그대를 그립니다

꽃 속에서 환하게 웃는
그대 꽃을 보았습니다
땅은 거짓말을 하지 않고 정직합니다
꽃술에서 그대의 눈물을 만났습니다
세상에서 가장 아름다운 것은
엄마의 마당입니다

노랑꽃 창포 어머니

곱고 고우신 그대는 정숙합니다
흔들림 없이 곧은줄기 곧게 자라서
믿는 자의 행복입니다

자식들 생각으로 피어나는 꽃
그대가 보고 싶어서 눈을 감아봅니다

그대 고운 모습이 마음으로 보입니다
막내딸은 슬퍼서 말이 없는 가련한 꽃이었습니다

오빠 언니 엄마의 임종을 지키셨는데
그대는 막내딸 걱정하면서 두 눈을 감으셨지요

그대의 마지막 말씀,
내 자식들아! 그동안 고마웠다

막내딸 잘 부탁한다고 하셨던 마지막 말씀
유언이 되어서 내 마음은 찢어지는 고통 속에서 살아가고 있습니다

내 두 눈으로 내 두 손으로
또박또박 글을 써서 엄마께 드립니다

그대 이름 김종임 이름 석 자,
가슴속에 새겨놓고 살아가고 있습니다

내 곁에서 떠나지 않고 서성이는 나의 엄마
그대를 부르면서 아름다운 마음 되려고
노력하고 있습니다

노랑붓꽃 피는 오월입니다
우아한 붓꽃을 보면서 고운한복 입으시고
이웃 간의 정을 나누고 사셨던 울 엄마는
효부상을 타셨습니다

엄마 아세요?
그대 사랑은 마르지 않은 샘물이었다는 것을
감사합니다, 어무니!

마른 풀 섶에서 푸석푸석 거리는
내 빈 마음을 촉촉이 젖게 해주는 샘물
바로 당신입니다

누름돌 사랑

흐르는 냇물 속에 보일 듯 말 듯
반들반들한 누름돌 모래를 누르고 있었다

친구가 외로우면 이야기 들어주는 누름돌 같은
친구가 되어보면 좋겠다

이웃들의 아픈 고독과 싸울 때 힘이 되어주는
누름돌, 누름돌 종류는 많기만 하였다

오이장아찌 누름돌 깻잎장아찌 누름돌은
위에서 눌림 해주니 흔들림 없이
숙성되어서 맛있는 장아찌가 된다네

누름돌 한 개 깨끗이 닦아서 곁에 두고서
필요할 때 쓰임새 있는 돌이 되면
아름다운 세상이 되리라고 본다

가족들을 위해서 희생하는
우리들의 부모님들은 누름돌 사랑입니다
그 누군가의 꼭 필요한 누름돌 사랑을
실천하리라 마음을 먹고 살아가고 싶다

심장의 노래

몸 깊은 곳에서 나오는 소리
아기가 엄마 뱃속에 태어날 때
큰 울림으로 태어난다

서예가는 먹물을 갈아서
붓으로 글을 쓰면 붓끝에서 영혼이 피어난다
노래하는 모든 이들도 가슴이 터질 듯한
목소리로 울림을 낸다

글에서도 찐한 울림이 있다
심장을 울려라
연극인들은 심장의 소리와 마음의 울림으로
관람객들을 사로잡는다

심장이 시키는 대로 우리 몸은
심장의 역할을 각자의 자리에서 열심히 하며
누군가의 마음을 움직이면서
살아가는 우리들의 이야기입니다

심장의 울림소리
그대 들어 보았는가?

올챙이 가족

물속에서 헤엄치는 올챙이
한 가족, 대 식구, 많은 식구가 있어서

올챙이는 큰소리 뻥뻥 치면서
으쓱으쓱 무서운 것이 없다

뒷다리가 쏘옥 앞다리가 쏘옥
누가 누가 제일 먼저 뒷다리가 쏘옥 나올까

먼저 뒷다리가 나오면 큰언니 큰오빠가 된다고
크게 소리친다

나를 따르라 동생들아
나를 따르라 호령을 치고 있었다

가족이란 소중합니다
힘들 때 손잡아주는 버팀목입니다

대봉감을 깎다

햇살 머금고 속이 알차게 익어가는 대봉감
두 볼이 빨갛게 붉게 익었을 때 감을 두 손에 쥐어 보았다
그 속에 햇살 한 줌 공기 바람을
빗방울 모두 담았으니 통통한 감이 되었다

작은 두 손으로 스르륵스르륵 감 껍질을 벗긴다
껍질이 벗겨지니 늘씬한 몸매를 보인다
칼을 든 무서운 여자는 바로 나 자신이었다

반지르르 고운 얼굴빛으로 변한 감
햇볕에 말리면 곶감으로 변신한다
솜사탕보다 더 달달한 곶감 한약에 들에 간
감초처럼 소중한 곶감

감 껍질은 반들반들 깎을 수 있어도
내 마음의 찌든 때는 깎을 수 없었다
곶감처럼 달달한 하루를
모든 이들에게 전달해 주고 싶다
바이러스로 오염된 이 세상

겨울 바다

바다는 넓은 가슴을 끌어안고서
성난 파도를 잠재운다

하늘빛 속에서 반짝이는 별빛을 보았다
죄가 많은 두 손으로
닫힌 생각을 열리게 해달라고
간절히 기도합니다

음지에서 말없이 신음하는
이들의 건강을 기도드립니다
그들에게 새 삶을 살게 해주시라고
작은 마음 담아서 기도드립니다

죄는 지으며 지을수록 무겁고 거짓말을
하면 할수록 또 다른 거짓말이
더해서 커다란 산이 됩니다
우리 모두 사랑하면서
이 세상 함께 개척해 보아요

사랑하면 할수록 밀물 되어
밀려드는 겨울 바다의 그리움처럼
그렇게,

청개구리

청개구리 울음소리 짙어지는 여름밤
장맛비 세차게 무섭게 퍼붓는 여름밤
청개구리 울음소리는 하늘가에 닿을 정도로
쩌렁쩌렁하게 목 놓아 울어 댑니다

부모님 말씀 안 듣고 반대로 어긋났었던 일이
생각나서 나 또한 후회의 눈물을 흘려봅니다
자식들 사랑 목놓아 울었던
부모님의 크신 은혜 무엇으로 보답할까요
남에게 상처 주지 않고
사랑의 말을 전하면서 살아간다면

청개구리 울음소리도
오케스트라 연주곡처럼 들리겠지요
청개구리 울음소리 들리는 장맛비가
천둥, 벼락 치는 소리보다 더 큽니다

모든 것은 때가 있다

인생은 길다면 길고 짧다면 짧은 시간입니다
삶의 목적이 무엇인지 남은 인생
후회하지 않게 잘 준비하고
아직 시간이 있을 때 기회가 주어졌을 때
기회를 꼭 붙잡고 있어야 합니다

사람은 갑자기 변하지 않습니다
육체도 병들고 마음도 병들어가서 슬픕니다
특별한 날 기다리지 말고 하루를 즐기십시오
인간은 누구나 마무리를 해야 할 때가 있으니
때를 놓치지 마세요
한 치 앞을 모르는 것이 인생입니다

때를 놓치지 말고
내 주위의 모든 분을 사랑하면서
살아간다면 때를 놓치지 않는 방법입니다

덕분에

누군가의 따뜻한 말 한마디에
큰 기쁨을 맛볼 수 있습니다

무심코 던진 말 한마디에
슬픔을 먹을 수 있습니다

사랑스러운 말 한마디에
감사와 사랑이 담겨있습니다

너 때문에 네 덕분에 고맙다 감사하다
칭찬하는 한마디 아끼지 맙시다

모든 이들에게 칠월의 네 잎 클로버를 드립니다
감사하는 인생에 동행해 보아요

징검다리

아카시아 향기에 젖은
봄 징검다리 송사리 떼 뛰어놀던 여름 징검다리

코스모스 아가씨 놀다간 가을 징검다리
살얼음 사르르 언 겨울 징검다리

쉼 없이 건너고 건너는 인생의 징검다리
어릴 적 엄마 등에 업혀서 건너보았던
추억의 징검다리

이젠 그대의 징검다리가 되어 드릴께요
거북 등 되어서 두 발이 젖지 않게
그대의 징검다리 되어 드립니다

무지개 뜨는 날 저의 등에 내려오세요
그대의 포근한 등이 되어 드립니다

로또복권

어느 복권방을 지나다가 유
리창 속의 로또복권 나오는 기계가 보였다
복권이 눈에 들어왔다

로또 한 장 살까 말까 망설이는 사이에
복권방은 북적거렸다 로또 인생 대박 나는 꿈,
잠깐 헛된 꿈을 꾸고 나지 씁쓰레한 쓴맛이었다

오늘은 두 번 다시 찾아오지 않는다
시곗바늘은 두 눈을 똑바로 뜨고서
째깍째깍 부지런히 돌아간다

고장 난 장난감은 영혼이 죽어있다
오늘 하루 뜨거운 시간이 더 많도록
힘내서 살아갑시다

오르지 못할 나무는 오르지 말고 오늘 속에서
최선을 다해 보자 구요
오늘이라는 포승줄에 꽁꽁 묶인 내가 서 있다
오늘 속에서

지금 몇 시

친구를 만나기로 한 날이었다
지갑 속 신사임당을 똑바로 쳐다보고 있었다
따르릉 전화벨 소리

"친구야 지금 몇 시?"
"응 지금 12시"
"그래 알았어, 오후 1시에 만나자"

그 친구도 지갑 속의 신사임당이 없는가 보다
반가운 악수를 하고서 두 손 잡고서
길거리다방 자판기 앞에 쪼르르 달려갔다
다람쥐처럼,

자몽 딸기 레몬 블루베리 쥬스를 뒤로하면서
커피 한 잔 300원 뽑아 들고 원 샷 부라보 짱,
우정을 위하여 건배사를 들었다

달달한 커피 속에 녹아나는 우정을 확인하면서
하하 신사임당 오만 원 아꼈구나!
아낀 돈으로 무엇을 할까? 친구는 대답하였다

우리 동네 노인당에 커피 한 박스 사서 드릴란다
아 잘했다, 잘했어
둘이 껴안고서 서로 등을 두들겨 주었다
아프지 말그라잉, 알긋지?

중심

바위틈에 등 굽은 소나무 돌 틈에 박혀
살아나기 위해서 허리를 지탱하면서
중심을 잡고 있다

흔들리는 갈대들도 중심을 잡고서
바람에게 몸을 맡긴다

우주의 모든 생명도 정신 똑바로 차리면서
중심을 잡고 살아남는다

중심을 잡고 자식들을 곱게 키우시고
이쁘게 잘살도록 도와주셨던 부모님의 은혜를
생각해 봅니다

중심을 잃지 말고 엄마는 늘 중심을 잡으셨다
엄마는 위대한 애국자입니다

어느 할머니의 슬픈 사랑 이야기

추운 겨울날 길거리를 배회하는 할머님을 만났다
나는 할머니 어디 가세요?
그냥 심심해서 바람 쏘이러 나왔당께,
그분의 얼굴은 어두운 그림자가 깔려있었다

근처 붕어빵가게에서 그분의 이야기 들었다
할아버지를 일찍 하늘나라 보내시고
혼자서 사신다는 할머님

따뜻한 붕어빵 드세요?
고맙소, 고마워, 두 눈에 눈물이 그렁그렁,
딸 뒷바라지 하면서 힘들게 사셨다는 그분

딸내미는 전화도 없고 찾아오지도 않고
할머님은 겨울에 집 난방이 안 되어서 춥다면서
따뜻한 햇볕이 좋다면서
추운 겨울날 거리를 방황하는 할머니 모습,

슬피 우는 길 잃은 강아지보다 더
측은하게 보인다

제3부

그리다 만 그림

그리다 만 그림

주홍빛 립스틱 짙게 바르고
오지 않은 임 그리다가 꽃잠 들었다
설움의 꽃 상투 툭툭 터뜨려도 임은 오지 않네

외로움을 가슴으로 달래면서
그대 그리워서 입술이 부르텄다
상사화처럼 잎과 꽃이 만나지 못해서
꽃 멍이 들었다

말 못 하는 사랑은
바보 같은 슬픈 사랑이라는 것을
너는 왜 깨닫지 못했니?

꽃잎을 만지작거리면서 못다 그린 그림으로
애가 타는 마음, 하늘까지 닿겠네

달개비 여인

사랑하고 싶지만, 사랑할 수 없는
외로운 추억을 머금은 여인
쪽빛 하늘빛 닮아서 더 보고 싶다네

인내의 눈물 숨기고서 떨림의 순간을
맛볼 줄 아는 고귀한 여인이다네

와글와글 세상 살아가는 이야기
삶과 죽음의 갈림길 속에서
애달픈 여인 이야기 들어 보았다네

벙어리 냉가슴 풀어보아도
얼음덩어리 같은 차가운 마음 꽃,
봄비 속에 떠난 얄미운 님,
기다리면서 떨리는 마음
쪽빛 하늘가 걸어두었다 하네

그리움이 타는 밤

밝은 달빛 창문을 뚫고 들어와서
살포시 내 마음에 앉습니다

그리움을 까맣게 태우는 밤
하늘은 가을빛으로 하루를 태우고
달빛도 별빛도 태우는 밤에 친구 되어주니
새벽 별은 지나온 시간을 열어놓습니다

밝은 달빛 어머님 모습 환하게 비칩니다
하늘처럼 먼 그리움은
달빛 창가에 두고 가시옵소서
당신은 영원한 사랑입니다

고백

그대가 보고파서 논둑길을 걸어보았습니다
저 멀리 논둑길 밭둑길 걸어서 오실까!
눈물 흘리다가 돌부리에 넘어졌습니다
혹시 그대였나 돌을 주워서
호주머니 속에 넣어두었습니다
진정 그대를 좋아했지만
사랑한다고 고백을 못 하고
그대를 보내 드렸습니다
내 안의 그대여
나 아직도 그대를 좋아하나 봅니다
날으는 새들도 나뭇가지를 떠나지 못합니다
사랑이 멀리 떠나버릴까 싶어서
주변에서 서성이는 그 마음
사랑을 놓치고서 뒤늦게 알았습니다

이별

호스피스 병동의 밤이 깊어져만 갑니다
밤은 늘 어두운 장막을 드리운 채 캄캄합니다
이별은 헤어날 수 없는 고통을 잉태합니다
눈동자가 멈추고 산소포화도가 떨어지면서
심장박동수가 빨라지면서
혈압 맥박이 떨어집니다
어느 사이 호흡이 멈추었습니다
흐느끼는 가족들 흐르는 눈물로
까만 밤이 하얗게 변해갔습니다
이별은 그 누구도 붙잡지 못해서
슬픈 노래입니다

사랑

사랑은 한줄기 빗물 되어 흐른다
그대를 위해서라면 나도 빗물 되어 흐르고 싶다
그대가 차가운 눈이 되어서 내리면
나도 그대를 위하여 하얀 눈이 되렵니다

두 눈에 콩깍지가 쓰였습니다
콩깍지 속에든 사랑이 그대였으면 좋겠습니다
나도 그대의 콩깍지가 되렵니다

사랑은 두 눈이 멀어야 합니다
진정 그대를 위하는 일이라면 장두 눈이
보이지 않아도 그대 사랑을 따르렵니다

피맺힌 사랑을 위하여서
그대의 망부석이 되렵니다

불타는 사랑

모닥불 피워놓고 노래를 불렀던
꿈 많은 여고 시절에
친구들 불타는 사랑이 무엇일까?

불타는 사랑이란 장작 불타는 소리란다
하면서 사랑이 무엇인지도 모르고
사랑 타령을 했었던 시절도 있었다

사랑은 힘이 들어서 쓰러질 수도 있습니다
사랑은 지친 마음에 옹달샘처럼 펑펑 솟는답니다

슬픈 사랑은 싫어
불타는 사랑도 싫어
까맣게 타오르는 루드베키아 꽃을 사랑하렵니다

사랑해

가슴에 내려앉은 명령으로 나 너 사랑한다
너 나 사랑한다는 말 언제 들어도
또 듣고 다시 들어 보고 싶은 말이다

눈빛으로 사랑한다!
마음으로 사랑한다!

항상 들어도 듣기 좋은 말
피맺힌 노력이 있어야
피맺힌 절절한 사랑을 할 수 있다

누구라도 한 번쯤 꿈꾸어 보고 싶은
피 맺힌 사랑을 그리다 보면
피가 빨갛게 솟는다

지울 수 없는 사랑

함께이기에 더욱더 소중한 사랑이 있습니다
두 눈에서 지울 수 없도록
아름다운 사람이 있습니다

말기 암으로 고통당하는 아내를 위하여서
완화 병동에 들어서는 그 순간부터
그분의 얼굴은 밝아져 옵니다

귓속말로 여보 사랑해,
여보 고마워,
봉사활동 가서 만난 분 이야기입니다
두 손을 꼭 잡고서 울음을 삼키셨던
그분 생각이 나서 내 눈에도 지울 수 없는
하얀 눈물방울 두 볼을 타고 흐르고 있습니다
여보 사랑해,
그분은 지금도 지울 수 없는
사랑을 지키고 계시겠지요
사랑은 누군가를
보고 싶어 하는 것입니다

미련한 사랑

어느 날 우연히 만난 사랑

길거리에서 만난 사랑도 있고
산책로에서 만난 사랑도 있고
붕어빵가게에서 만난 사랑도 있고
꽃을 사면서 꽃가게에서 만난 사랑도
널브러지게 많았다

미련한 사랑 때문에 울지 말자
헛된 사랑 때문에 마음의 문을 닫지 말자
답답한 사랑도 싫어
미련한 사랑 때문에 슬퍼하지 말지어다

봉선화 연정

잊어달라고 해놓고 잊지 못하는 사랑도 있다
손대면 툭 하고 터지는
봉숭아 꽃씨 터질까 싶어 가까이 가지 못했다

장독 앞에 심어둔 봉선화꽃
애련한 그리움일까!

오늘도 누굴 기다리면서
꽃씨를 움켜쥐고 있을까!

미련한 사랑은 싫어
봉숭아꽃 손톱에 물들이면 첫사랑 찾아온다고

미련한 사랑을 찾았던 어린 소녀가
복숭아꽃 앞에서 까르르 웃고 있다
사랑은 미운 오리 새끼

못 잊을 사랑

아직도 맺혀지지 않은 희미한
그리움의 잔영인가 싶다
꽃들이 피고 지고 수천 번 꽃등을 켜서
그대 오시는 길 밝혀서 가슴으로
불러도 아프지 않은 그 날을 기다려야 하는가?

고개 숙인들 흐른 눈물 멈추지 않더냐
고개 들어 하늘을 쳐다본들
흐르는 눈물 멈출 수 있더냐

지독한 사랑을 어쩌라고 하였던가?
그리워하는 마음 내리는 빗줄기보다
더 많은 눈물을 흘려야 하는가?
그대여 피맺힌 그리움을 곰삭이는가

가슴 속에서 흐르는 피 멈추지 못해
핏빛으로 응어리져 가는구나!
못 잊을 사랑은 괴롭고 험난한 길이였다

그대여

보고 싶은 그대 그리움은 하늘을 덮습니다
고운 햇살로 가슴속에 파고드는 그대는
지울 수 없는 선홍빛 그리움입니다

피멍으로 피어나는 꽃
가슴에 꽃 피우겠습니다

눈보라 치는 겨울날 하얀 그리움으로
오시는 그대여

잊을 수 없는 아픈 상처가 되어서
피멍이 든다 해도 그대 보고파서 멍든 마음 가슴으로
안으렵니다

무거운 돌인들 피할 수 있나요!
피하지 않고 안으렵니다
지우지 못해서 슬피 우는 바보입니다

바다 너를 사랑했다

마르지 않은 눈물로 너를 품었다
한없이 그리운 너

널 그리면 쿵쿵 뛰는 내 심장이 먼저 뛰는 것
그리워 다 채우지 못한 그리움의 긴 터널

자꾸만 번지는 먹물처럼
뻥 뚫린 가슴이 밀물 되어 차오른다

널 그리면서 달콤한 짝사랑을 연모해본다
가슴으로 부른 이름 하나, 내게 있다
바다 너를 사랑한다

바다여! 바다여!
불러도 대답이 없구나

애련

삶은 시작의 연속이였다
황금빛 찬란하게 물들이는 시월을 따라서
빈 마음속 향기는 노랗게 타들어간다
어쩌란 말인가?

깊고 깊은 애련들 뜨거워서
피할 수 없는 고통을 가슴에 지닌 채
저녁노을 애가 타게 바닷물에 잠긴다

빛바랜 사진 속에 간 통증이 멈추지 않은
그대와의 추억들 가슴 시리고 아픈 애련들
간직하고픈 모든 것 빛바랜 애련들

눈 위에 쓴 편지

하얀 달빛에 날리는 꽃 한 송이
소복소복 쌓이네, 그리움처럼
파란 솔잎 속에 묻혀 나를 사랑하게 해주오

하얀 세상을 보고 싶습니다
눈 위에 사랑을 쓰고 싶습니다
사랑의 꽃씨를 심고 싶어요

하얀 눈 위에 쓰는 편지는
햇님이 눈물을 흘리면
모든 하얀 눈들이 녹아 없어질지라도
가난한 내 영혼을 위하여
하얀 설원 편지지에
사랑을 쓰고 싶어요

이끼의 파란 눈물

초록빛 속삭임을 보았습니다
녹색의 한숨 소리 느끼면서
바윗덩어리 꼭 붙들고서 뜨거운 여름날
폭염 밑에서 죽는시늉을 하다가
겨울에는 꽁꽁 얼었다가
풀어졌다가 새봄 새날이 찾아오니
녹물 들면서 고통 속에서 뒹굴거리는
촉촉이 젖은 눈물방울을 보았습니다
초록 이끼의 느림의 미학을 보았습니다

이끼꽃 피어날 때
환희의 기쁨을 짜릿짜릿한 충동질에
눈을 떠보니 고추보다 더 맵고 매운
울 어무니를 보는 것 같았습니다
이끼는 파란 눈물 흘리면서
바위를 초록 바위로 탄생시키는
초록빛을 그리는 화가였습니다

여름 강

저녁노을에 물든 산자락 붉디붉어 눈물이 났다
산허리 휘감고 돌아설 때
가슴 시린 사랑이 나에게 찾아왔다

여름 강을 좋아해서 물수제비 뜨는
강물을 보고 해맑게 웃던 그녀는
여름 강물 흐르듯이 내 곁은 홀로 떠났다

여름방학이면 모내기봉사도 하면서
꿈이 있다면 천사가 되고 싶었던 친구는
아픔을 덜고 마음을 채우기를 좋아했었는데

끝남이 있으면 새로운 시작이 보인다고
했었던 친구야, 친구야
너는 새 빛 지기에 동참했었구나

겨울 연서

하얀 눈 소리 없이 내려서 온 세상이
흰 눈 속에 파묻힌 하얀 밤입니다

그대 시선 머무는 곳에
나의 시선도 함께였으면 좋습니다

꽃피는 봄날 꽃밭에 그대를 초대하겠습니다
그대를 위해서
뭐든지 이제는 다 드릴 수 있는 나이가 되었지만,
그대는 내 곁에 없습니다

하얀 눈 위에 사랑해, 사랑해
겨울 연서를 쓰고 있습니다

겨울에는 창호지에 풀을 붙여서
차가운 바람 막아주셨던 그대,
그대에게 따뜻함을 선물해 드리겠습니다

하얀 눈 사락사락 밟고 방문 두드리시면
그대를 따뜻한 이불로 감싸 드릴게요!

무지개

칠색 쌍무지개 축하하듯 반짝 나를 반긴다
드높은 산기슭에 나는 그대를 기억해요

설렘으로 비추고
중년의 무지개는 사랑이 기다리고 있다는 것을 가슴에 담아요

아름다움을 창조하였고
나의 가슴을 쓸어내리며
노년에 바라보는 고운 무지갯빛

두 눈에 비친 영혼이 닿을 수 있는 빛으로
내 잃어버린 시절의 신앙의 빛으로
아련히 흐르는 빛을 보려나

선물 같은 오늘

삶이 지치고 힘들면 오늘 하루
최선을 다해 보십시오
인생은 살아볼 가치가 있어요
별처럼 빛나는 그날이 꼭 찾아올 것이라고
희망을 품으십시오

마음이 편안해지는
초록빛을 바라보세요
엄마 품속에서 축복받고
이 세상에 태어났으니
충분히 행복해질 수 있는
자격이 있어요

힘차게 앞을 보면서 살아가세요
힘들고 괴로운 생각 훌훌 털어버리고
좋은 생각만 하세요
눈부시게 황홀한 태양은 아침이면
새 희망으로 떠오릅니다

제 4 부

바람이 전해 주는 말

소나비

쏴아! 쏴아~ 우르르 쾅, 소나기 내리는 소리에
깜짝 놀라서 비가 울었다
아주 큰 빗줄기 눈물 흘렸다
까맣게 타들어 가는 해바라기 씨앗을
촉촉이 젖게 합니다
고독과 슬픔이 한꺼번에 내립니다
시나브로 내려주면 좋으련만
사랑비는 강하게 내려주시고
고통의 비는 소나기처럼 바람처럼
지나치게 해주십시요
빗줄기에 꽃들도 젖어 들고
비에 젖은 꽃들도 아프게 비를 맞는다
잎사귀도 찢기고 꽃도 뚝뚝 떨어지니
우리 집 강아지도 꽃을 물고
이리저리 뛰어다니고 있었다
소나비 내리는 날
그대는 천둥 번개 되어 오셨나요?
비에 젖지 않도록
그대의 큰 우산이 되어드리겠습니다
우산 속으로 들어오시어서
비에 젖은 마음 말리고 가시옵소서
소나비처럼 나타난 그대여!

술 한 잔

그 누가 그랬다 인생은 나에게
술 한 잔 사주지 않았다고 술 한 잔에 취해서
흥얼흥얼 거리는 사람들은
인생을 술 한 잔에 취한 체, 흔들리면서
술잔의 고독을 느낀다

한 잔의 술을 마시니 하늘이 빙빙 돈다고 했던
내 친구 생각이 났다
쓰디쓴 소주를 그대는 마셔 본 적이 있는가?
술잔 속에서 울고 있는 그대의 얼굴 보았는가?

독한 소주를 마시면서
술잔 속에 아른거리는 고독을 보았다
술잔 속에 푹 빠진 독한 사랑을 보았다

한 잔의 술은 쓰디쓴 쓴 나물같이 쌉싸레 하었다
인생아 나에게 술 한 잔 사주어 보거라?
인생에게 물었다

행복한 얼굴

아침에 눈 뜨면 제일 먼저 보는 것이 하늘입니다
내가 지금 행복해하고
말을 해보아도 아픔이 없는 것은 아닙니다

마음의 문 활짝 열고서 행복이라는
얼굴을 초대하십시요
행복은 수많은 얼굴로 온다는 것을
마음으로 느껴보십시오

숨어있던 금빛 날개 달고서
무지갯빛 다리를 건너서 살포시
나타날지 모르는 소소한 나의 행복
술래잡기하는 꼬마 아이처럼
설레임으로 가득찬 오늘이 큰 행복입니다

해 뜨는 것을 보면서
감사하는 마음으로 살아갑니다
행복한 얼굴은 가까운 곳에서
윙크를 하고 있답니다

중독

울고 싶을 때 울어야 하는데
눈물 흘리기에 울 수 없는 나이가 되었다
가만히 보고 있으니 눈물이 났다
꽃은 눈을 정화 시키고 찌든 마음도
아름다운 생각을 하도록 하는
중독이라는 무기를 가졌다
볼수록 눈물이 나는 꽃들도 눈물이 있었다
비에 젖어 바람 불어 가지가 찢어지고
꽁꽁 얼어붙은 겨울은 온몸을 얼어붙게 해서
눈물을 흘렸다 꽃들도 울음을 운다
눈물은 둥글둥글 하다
죄를 지어서 후회의 눈물도 흘릴 수 있으니
오늘 하루가 눈물을 흘릴 수 있어서
참 좋은 날이었다
꽃을 사랑하여서 꽃 눈물을 흘릴 줄 아는
자신에게 고맙다고 말해주고 싶은
하루하루가 좋은 날이었다
꽃의 눈물을 사랑해서 중독된 나를 보았다

통증

나뭇잎 위에 앉은 둥글둥글한 빗방울이 슬프다
서서히 찾아온 통증
몸이 보내주는 구조신호였다
허리통증이 다리에 통증
가슴에 통증이 아프다고 하지만
말기 암으로 찾아온 통증은 너무 아프다
돌발성 통증이 올 때는
뼈까지 녹아난 아픔을 참아내야 하는
그 통증을 견디는
호스피스 암 병동 환우들은
울음의 바다를 체험 해야한다
가족들도 준비하면서
그들 곁에서 통증을 참아내고 있습니다
삶의 위대함은 존엄한 죽음으로 완성됩니다
어느 순간 편히 삶을 마감할 수 있는
죽음을 맞지 못하고
두 손을 드는 환자와 가족들 모두가
고통스러운 통증입니다

모두가 기쁨입니다

퍼붓는 빗줄기 속을 걸어가 보았다
비를 맞는 것도 기쁨입니다

시원한 바람 불 때 계곡을 찾아서
발을 담가보는 것도 기쁨입니다

빨간 단풍잎 노란 은행잎 떨어질 때
낙엽을 밟으면서 노래하는 것도 기쁨입니다

흰 눈이 펑펑 내리는 날
하얀 눈을 맞고서 걷는 것도 작은 기쁨입니다

살아있음에 감사하는 것도 소중한 기쁨입니다
기쁨으로 가득 찬 이 시간이
제일 기쁜 시간입니다

거미줄

거미가 걷는 길을 아슬아슬하다
거미줄이 제일 아름다울 때는 아침 이슬이
햇살 비출 때 아름다운 은빛이었다

진실한 마음이 거미줄에 안잖다!
거짓된 마음도 앉잖다!

거미줄을 지나치다가 곤충이 걸렸다
거미는 자기 몸뚱이에는 줄을 치지 않는다
덫에 걸린 사랑을 하면 아프고 괴롭고 슬프다

거미줄에 사랑하는 마음이 걸리면
빠져나오지 못하고 허우적거린다

아슬아슬한 거미가 걷는 그물에 걸리지 않도록
조심조심하면서 인생을 살아간다면
반짝이는 은빛처럼 아름답습니다

오늘도 거미는 아슬아슬
하늘길을 걸어갑니다

때죽나무

수줍은 아가씨 마음처럼 땅만 쳐다보면서
피었다 푸른 잎 사이로 햇살 스며드니
작은 종을 닮은 하얀 별꽃이 종을 치는
숲속의 때죽나무 노랫소리 울린다

낙화 되어서야 높은 하늘을 쳐다볼 수 있어서
슬픈 꽃이었다
고독과 싸우면서 외로움을 토해내서
진한 향기가 있나 보다

숲속에 풍기니 그 향기는
아카시아 향기보다 더 강해서
숲속 길 걷는 사람들의 사랑을 차지하는 꽃

한 송이 한 송이 낙화 되는 아픔도 있지만
향기가 강해서 스스로 자기 자신을
위하면서 하얀 꽃길을 만드는 때죽나무꽃

오리 가족 나들이

봄볕에 서성이는 강물 위를
전혀 알 수 없는 언어로 자기들끼리 수다를 떤다
조용한 물결만 흐르겠지만
물의를 가르며 동행한 가족들
여린 날개로 물길을 가른다

스쳐 가는 그리움보다
보고 있는 애틋함 속에 가족 건강을
나는 오리들 아빠 오리, 엄마 오리 새끼오리

노을이 지는 여울목에서
사라져가는 태양 빛을 아쉬워하며
만물이 피어나는 애틋함 속에서
새봄을 나르는 오리 가족

내일을 약속하며 맑은 물길 따라서
가족 나들이는
행복한 봄 소풍 길이다

바람이 전해주는 말

차가운 겨울바람 불어오니 강물도 얼어붙었다
살아온 내 인생도 얼어붙었는지
허공 속에 떠도는 낙엽 되어
땅으로 떨어지는 잎이 되기 싫어서
맨발로 걸어보았다

바람 소리 휭휭 위잉잉 문풍지 떨리는 소리에
엄마 찾던 꼬마가 무서워서 울고만 있었네
저, 남쪽에서 훈풍 불어오니
바람이 나에게 전해주는 말 있었다

사랑하고 싶을 땐 아낌없는 사랑 쏟아부으십시오
울고 싶을 때는
어린아이처럼 소리 내어 울어보십시오
남의 마음을 훔치기란 어렵습니다

타인의 마음 상처 나지 않게
이쁜 생각만 하십시오
머릿속에 있는 기억들 추억들이
녹슬지 않게 열심히 글을 쓰십시오

먹고 싶을 때는 배가 터지도록 먹고 웃으십시오
바람이 전해준 그 말에 감사하면서
녹 쓸지 않도록 글을 쓰면서
바람에게 감사한 마음입니다
바람아, 바람아! 멈추어다오

고통

부잡스러운 생각들을 머릿속에서
끄집어보았더니 고통이 나왔다
기억상실증이라는 고통 약이 있다면
얼마나 좋을까!

고통은 여백이 있어야 한다
마음이 아프면 고통은 찾아온다
여백 속에 행복 기쁨을 넣어두어야 하니까

알 수 없는 고통이 머릿속을 떠나지 않으면
망각이라는 녀석을 고통 속으로 넣어서 이겨내야
한다

고통이 쓰러지면 고독이 온다
고통에게 날개가 있다면 멀리 보내야겠다
외로움을 접어두지
고통도 함께 접어두자

고통 없는 사람 어디 있겠는가!
고통을 버리는 술잔을 들어서
축배의 잔을 마시자

상처

상처받은 나무도 눈물이 있다
망치로 못을 박아서 작은 구멍을 냈었다
끈끈한 액이 흘렀다

그 상처는 시간이 흐르면 치유되지만
마음의 상처는 회복하는 기간이 너무 길다
칼에 베인 상처는 밴드를 붙여서 감출 수 있다

그 상처를 혼자 견디지 마시고
음악을 듣거나 산책을 하면서 치유를 해야합니다

사람은 누구나 죽음을 맞이합니다
죽음이 무섭고 겁이 나지만 피할 수 없는 만큼 죽음을 각오로 상처를 치유해야 합니다

남에게 주는 상처 큰 죄악입니다
다른 사람의 상처가 바로
나의 상처가 될 수 있습니다

목숨

지금 내 앞에 펼쳐진 삶에 최선을 다해야한다

죽음은 늘 우리 가까이에 있었다
죽으면 어디로 갈까 죽고 싶다

죽음이 숙제인 것처럼
어렸을 때부터 죽음이란 것을 생각해보았다
죽기 위해서 하루하루를 살아가는 것 같은
착각 속에서 살아간다

죽음은 가진 모든 기억이 없어지는 것입니다
사후 세계가 있다면 그곳에서
기억을 되찾았으면 하는
그런 바람도 생각해 보았습니다

목숨보다 더 질긴 운명 앞에서 소중한 순간들
놓치지 말고 삶을 성실히 살아가면서
오늘은 나에게 오라

한 번 태어나면 한 번은 죽어야 하는 목숨은
삶의 탄생이고 귀하니까 목숨도 고귀해야 한다!

바다의 침묵

하늘빛 짙은 바다가 보고파서
헝클어진 머리를 나풀거리면서
모래톱을 맨발로 걸어 보았다

파도는 바위에 부딪혀 제 살 깎는 고통으로
부딪혀 물꽃 피어났다

푸른 바다가 되고 싶은 소녀는
바다를 연모하였다

비에 젖지 않은 웅장한 바다
소녀는 파도를 사랑해서
바위에 부딪히는 물꽃을 보며 침묵을 삼켰다

바다는 그리움을 삼키면서
마음의 아픈 상처를 치유를 했다
침묵을 삼키는 바다의 침묵을 보았는가?

직박구리

고요한 시골 동네에 나타난 새 한 마리

이쁜옷 걸쳐 입지는 않았지만
앙상한 나뭇가지 위에서 노랫소리가
아침 찬바람 부는 날 요란스럽다

온 동네가 떠들석하다
감나무에 홍시감 쪼아먹고
사람 사는 소리를 들려주었다

사랑을 찾을 때는 조용한 새
씨앗을 멀리 퍼트리는 일등 공신
시끄럽게 울어다오

겨운 정취를 불러 모으니
밉지 않은 새 한 마리 날아와 앉았나

입영열차

청춘 열차는 젊음을 싣고서
기적을 울리면서 씩씩하게 달린다
동네 오빠 군대 입대하는 날

순희는 눈물만 뚝뚝 오빠 잘 다녀와
손수건을 흔들면서
청춘 열차를 하염없이 바라만 본다

가을 억새는 은빛 머리가 되어서
옛 추억을 붙들고 찾아왔네
두 손을 흔들었던 그녀의 얼굴
은빛 물결 위에 출렁인다

짝사랑은 이루어질 수 없는 아름다운 추억
그녀는 청춘 열차를 운행하는
기적을 울리면서 달리는
열차 기관사 아내가 되어서 살아간다

첫사랑 오빠를 짝사랑했던
그녀의 삶은 은빛처럼 반짝반짝
인생 열차로 달리고 있다

기억을 맞이하는 봄

가을 단풍은 붙어있던 나무줄기와 헤어지기 전에
그 아름다움이 절정이었다

새록새록 이파리로 움트는 새봄 이야기
꽃이 땅에서 자라서 꽃봉오리 환하게 피고 나면
떨어져서 부엽토로 돌아간다

겨울지나 봄 찾아오면 다시 피어나는
순리가 열심히 살아가고 있는
우리에게 하는 말이다

새로운 시작을 알리는 봄

기억을 맞이하는 봄 같은 마음 되고 싶어서
오늘도 봄이 오는 길목을 쳐다보고 있다

봄 같은 마음 되고 싶어!

하늘 바람 소리

바람은 보이지 않지만
바람 소리는 들을 수가 있다
갈대숲에서 서걱서걱 거리는 소리는
한 많은 세상을 살다간 여인들의 숨어서 우는
원혼의 소리인가?

나무에 불면 초록빛 바람이 되고
꽃에 불면 꽃바람,
세찬 바람이 불어 닥치면 흔적이 남는다
나무가 송두리째 뽑혀서 나쁜 바람이 되고
마음속에 바람이 불면 황폐해진 마음이 된다
스치는 바람은 인연의 바람을 만든다

새벽에 눈을 뜨면 새 아침 바람 소리를 듣는다
깨끗한 바람 소리 들으면서
마음을 다스리는 바람을 반기는 하루가 되고자
바람 소리 들으려고 먼 하늘 바라보았더니
하늘 바람 소리 살포시 내려앉는다

손수건 사랑

사랑은 가슴에 나무를 심는 것이다
땀방울을 닦아 주는
손수건 같은 만남이 되고 싶다

슬플 때 눈물 흘리면 눈물방울 닦아주는
손수건 같은 만남이 되고 싶다

꽃송이 같은 만남은 이별을 주니 싫다
진심으로 그 땀을 닦아 주는
손수건 같은 만남을 갖고 싶다

지금의 슬픈 눈물 늘 가까이에서
쓸 수 있게 깨끗한 손수건 챙겨두었다
언제든지 사용하는 하얀 손수건이 되고 싶다

나는 자유롭다

나는 누구를 미워한 적이 없으니 자유롭다
누가 나를 원망하지 않으니 자유롭다
나의 주머니는 늘 텅텅 비었다

커피 한 잔 살 돈은 언제든지
준비되어있어서 자유롭다
바람처럼 가벼워서 무겁지 않아서 좋다

그리움 창고에서 보고픔을 꺼내어서
생각을 다듬어서 쓰고 싶을 때 쓰는
행복을 가져서 나는 자유롭다
들꽃의 작은 속삭임을 쓸 수 있어서 좋아라
언제든지 글을 쓸 수 있어서 자유롭다

누군가 나 보고 그랬다
꽃을 좋아한 바보 멍텅구리라고
그래도 자유롭게 글을 쓰는 시인이라서 좋다
행복한 길을 가고 있는 나를 사랑한다

제 5 부

허수아비 축제

멍에

소 한 마리 멍에를 쓰고서 논밭을 갈아엎는다
굽은 멍에 멋진 왕관을 귓불에 걸치고
목에 걸고 쟁기질로 땅을 간다

부지런한 소 주인은 넓적한 엉덩이를 때린다
아파서 두 눈에 눈물이 그렁그렁,
소는 그렇게 동그란 눈물을 흘렸다

쉽게 벗어날 수 없는
구속의 굴레를 벗어나지 못한다
얽매인 삶을 사는 소의 일생

흙먼지 희뿌연 시골길을
덜컹덜컹 덜그럭덜그럭 삐그덕삐그덕
소달구지 걷는 길, 정다운 길

현대사회에서의 소의 멍에는
골동품으로 장식되어서 명당자리를 지키고 있다
누구나 다 그러하듯이 구속된 멍에는 싫어한다

소금

짜디짠 이 세상
소금같이 하얀 그리운 사람이
있었으면 좋겠다

장독 속 안에 들어있는 소금 덩어리들이
태양 빛에 녹아서 눈물을 흘렸다

소금은 유통 기간이 없다
오래 묵일수록 더 좋아한다
소금이 부족하면 건강에 이상이 온다
우리 몸에 꼭 필요하다

파도 속에 흔들리는 소금은 눈물 훔치지만
하얀 낮달 뜰 때 나는 새 한 마리
피울음 소리를 내면서 어디론가 날아갔다
저 새는 무엇을 찾으러 갔을까!

이쁜 거짓말

곱고 고운 꽃밭에 노랑나비 한 마리
꽃술에 앉았다
속삭이듯 미소 지으면서
나풀나풀 날갯짓으로 활짝 웃네

사람도 마찬가지라네
진실에 소리가 묻히고 때론 이쁜 거짓말을
해야 할 때가 찾아온다네

나는 힘든 환자에게 아픈 병이 점점 좋아진다고
이쁜 거짓말, 자주 하면서 산다네

얼굴 미운 어떤 아가씨한테 오~ 아름다우세요
너무 이뻐요, 하면 얼굴 빨개지는 순진한 아가씨,
뚱뚱한 총각에게 우와 살이 많이 빠졌네 하면
고맙다고 했던 총각,

끝이 보이지 않은 긴 터널 속
빨간색 거짓말을 하면 핏빛 냄새가 역겨워진다
이쁜 거짓말을 하는 내가 글 속에 파묻힌
시간이 이쁜 거짓말인 것 같다네

버려진 우산

강풍이 불고 난 후 여기저기
길가에 덩그러니 버려진 우산들
주인 잃은 슬픈 눈동자 길거리에서 슬피 운다

버려진 우산들
우산살이 약간 비뚤어졌는데
필요할 때 쓰고 다니더니 버렸다

우산 한 개 주워서 내가 쓰고 다닌다
명품우산이 쓰레기로 변해가는 현실이 슬펐다
버려진 우산이 되지 말고
끝까지 주인의 사랑을 받는 우산이 명품 우산이다

늙어서 볼품없어지면 타인의 아픔은
송두리째 없어진 깨어진 접시처럼 그렇게
쓰레기통으로 가야 하는 것처럼

버려진 우산을 주워서 쓰고 있으니
우산은 새 주인을 만나서 좋아했지만
마음은 씁쓸한 거리를 걸어 나섰다
버려진 우산처럼 그렇게

달걀

오늘도 내일도 그리움 내려놓고
그리고 또 그리네

세월 흐르면 퇴색해버린 빛바랜 추억들을
가슴에 품기에 허전함은 없으려나
계란 껍질 속에 흰자, 노른자 동행하니
외롭지 않으려나

어미 닭은 달걀을 따뜻한 품으로 고이 품고 있네
달걀 한 알 부화하면
새 생명으로 태어나서 병아리가 된다

새벽을 알리는 우렁찬 소리
꼬끼오 꼬끼오 첫새벽을 깨운다
어미 닭이 품고 있는 달걀
새록새록 엄마 품에 잠든다

삐약삐약 소리 내면서 엄마 품에서
단꿈을 꾸는 병아리 사랑을 품었네

어미 닭은 둥그런 보름달을 고이 품고있다
세상에 나올 그 시간 동안
사랑을 품고 있는 어미 닭

천상운집

글 쓰는 자의 고통이 읽는 자의
기쁨이다는 그 말이 생각납니다

태양 빛이 꽃들을 태우고
뜨거운 불이 퍼붓는 소나기에
질식해버리면 그것은 신의 위대한 능력입니다
영 안으로 사람들을 대하십시오

물 공기 햇볕 구름 바람은 지천으로
깔려 있어서 그것도 공짜입니다

한 가지 좋은 일이
구름처럼 몰려드는 생각만 하십시오

심안에 천상운집이라는 씨앗을 심어보십시오
씨앗은 거짓말을 하지 않습니다

그루터기

도끼로 찍어낸 나무에
그의 둥그런 나이테만 남았다
볼품없는 그루터기에 새 한 마리 쉼터에 앉았다

그 근처에는 알 수 없는 버섯들이 쫑긋쫑긋 고개를
들고 나왔다
그는 누군가의 필요한 배경이 되었나 싶다

그는 열매 씨앗 모든 것을 다 내주고서
쓸쓸한 죽음을 맞이하였다

늙어서 볼품없는 인생이지만
누군가의 꼭 필요한 삶을 살아가신 인생도 있다

어느 곳에서 필요할지 모르는
재료로 남고 싶다는 깊은 생각에 젖어보았다

바보

지나친 욕심이 많으면 바보라 부른다
작은 것에 만족하지 못하고
과욕을 부리다가 쫄딱 망한 사람도 보았다

탐욕은 모든 것을 얻고자 하는 욕심입니다

내가 바보가 되면 사람들은 나를 보고 웃는다
어쩌다가 내 별명이 바보가 되어 버렸다
바보는 오늘도 하하 웃어 본다

바보야 바보가 되니까 어때?
무서운 꽃, 아편 같은
양귀비꽃이 되지 맙시다

자연 공책

꽃 잔치 열리는 따뜻한 봄날에
하늘 공책에다 편지를 씁니다
희망의 봄이 찾아왔다고 말합니다

시원한 바람 부는 여름날
구름 공책 펼쳐놓고 편지를 씁니다

뭉게구름에게 안부를 전하면서 글을 씁니다
가을날 노란 공책을 펼쳐놓고 둥실 춤을 춥니다

겨울날 하얀 공책에다 편지를 씁니다
언제든지 펼칠 수 있는 널브러지게 펼쳐진
자연환경 공책이 있어서 글을 씁니다

공책이 있어서 좋아라
뇌 안의 공책도 있어서
머리를 쓸 수 있어서 좋아라
공책은 나의 소중한 친구랍니다

갈매기

바다 위를 나는 여수 오동도 갈매기
세찬 파도 위를 날면서
무엇인가에 쫓기듯 두리번거리고
뒤따르지 못하는 갈매기가 있습니다

공중을 날면서도 예리한 눈빛으로
자식들 걱정하는 부모님 마음입니다

동백꽃 잎에 앉은 동박새 한 마리 슬피 우는
동백숲 바다 위를 자유롭게 비행하는 갈매기
경쟁자 없는 평화로움 입니다

갈매기야! 갈매기야!
바다를 항해하는 어부님들
선원님들 마음도 지켜주거라

꼬막의 향기

보석처럼 반짝이는 바다로 가자
하늘과 맞닿은 지평선은 말이 없지만

바닷속에서 살아가는
문어 갈치 조기 전복 바지락 꼬막
살아서 움직이는 바닷속은 신기한 세상이었다

꼬막에도 향기가 있다고 말한 내 친구 뚱땡이
꼬막을 삶아와서 숟가락으로 까서
내 입에 쏙 넣어 주면서 하는 말

"친구야 꼬막 냄새는 말이여 향기가 난단다"
짭쪼름한 그 맛 바다의 향기를 품어서
쫀득쫀득 맛있다 하네

히죽히죽 웃는 내 친구 뚱땡이 마음은
꽃향기로 가득하여라

코뚜레

두 눈에 눈물이 그렁그렁 어린 송아지
코뚜레를 뚫었습니다
하늘도 울고 소도 울고 쳐다보는
나도 울었습니다

코를 뚫는 것도 가혹합니다
인생길 한고비 넘기면 또 한고비
굽이굽이 세찬 비바람을 이기고 살아가야 합니다

집안의 악귀를 쫓는다는
코뚜레 장식으로 집을 지키는 수호신
천방지축 날뛰는 송아지 길들일려고
두 콧구멍 뚫었습니다
아이는 아프겠지만 꾹 참는 연습을 합니다

아픈 만큼 성숙해지면서 어른이 되어 갑니다
여자의 일생 노래 가사처럼
괴로움을 슬픔을 안고서
어린 송아지는 어른이 되는 연습을 합니다

달팽이처럼 그렇게

소소한 행복은 내 주변에 도사리고 있었습니다
헤아릴 수 없는 마음도 가까이에서 서성입니다

우물쭈물하다가 사랑을 놓치고 어영부영하다가
버스를 놓치고 좋은 기회를 놓치었습니다

첫 만남은 소중합니다
첫인상도 소중합니다

꽃이 벙글어서 활짝 피려는 모습도
눈 깜짝할 사이에 놓치고 맙니다

느리지만 묵묵히 기어가는 달팽이처럼
그렇게 주어진 그 길을
천천히 준비하면서 걸어가면 좋겠습니다

누구나 다들
첫 단추를 잘 맞추어야 합니다

허수아비 축제

황금 들판에 서서
덩실덩실 춤추는 새색시 허수아비
풍년이 찾아와서 덩실덩실 춤추는 허수아비 각시
신랑 허수아비를 보고 웃는다

강강수월래 하는 허수아비 보면서
아빠 엄마 할머니 할아버지 손잡고
싱글벙글 논둑길 걷는 꼬마 아이들
코스모스 어서 오라 손들어주니 반갑습니다

가을 냄새, 흙냄새, 고향 냄새를 맡아보는
이들도 반가운 얼굴입니다
허수아비 축제 열리는 날
지친 마음 허수아비 보면서 즐겨보십시오

땅따먹기

코흘리개 친구들과 옹기종기 모여 앉아서
땅따먹기하던 유년 시절

한 뼘이라도 더 따먹겠다고
땅따먹기했던 그 추억이
새록새록 되살아난다

인생도 한 뼘 한 뼘 땅따먹기다
세월은 나를 기다려주지 않지만
지나온 시간 또한 머물러 주지 않는다

사마귀

청하 쑥부쟁이 피어난 여름날에
먹이 사냥을 나온 사마귀 한 마리를 보았다
두 눈을 이리저리 굴리면서 먹이를 탐색하였다

시력이 뛰어나서 먼 곳에 있는 곤충들
레이다 망에 걸렸다 하면
냉큼 먹이를 삼켰다

자신보다 더 큰 곤충을 잡는
무시무시한 능력가였다
우리들 몸에 사마귀가 있으면 나쁘다

남을 괴롭히면 그 대가를 받는 법
인간으로 태어났으니 나쁜 사마귀가 되지 말고
선한 생각으로 살아간디면
이 세상은 살아가는 또 다른 맛이 생깁니다

논 물꼬 싸움

찔레꽃 피어날 때
이웃 간에 물꼬 싸움이 벌어졌다
논으로 물이 들어가야 어린 모가 자리를 잡는다
삽 한 자루 들고서 논을 향하여 바쁜 걸음 달리기를 하였다

물을 그만 받으랑께,
조금만 물을 내 논으로 넣어야 허니께,
서로서로 욕을 하고 몸싸움하였다
닭싸움 개싸움 고양이싸움은 많이 보았지만
논에 물을 대는 물꼬 싸움이 제일 무서웠다

상상을 초월한 몸싸움,
이웃들 싸움을 말릴 때
찔레꽃도 시럽게 울면서 피어났습니다
지금은 물꼬 싸움도 없어져 가고 있습니다
지금 여기 이웃 간의 정을 느끼면서
살아간다면 얼마나 좋을까요

도담삼봉

하늘 땅 맞닿는 그림 같은 풍광
남한강 상류 강 가운데 솟은 세 개의 섬
흐르는 강 속에 잠겼다
단양 팔경 중 제일 으뜸으로 꼽힌
도담삼봉,
옥빛으로 물들고 그 곁에서 맴도는
애간장 태우는 삼봉 중에 속하는
처봉이 애처롭다
쓰리고 아프고 괴로운 마음
그 누가 달래줄까
사랑을 나누었다는 그곳
강물도 흐느끼면서 울음을 삼켰다는 곳
처봉이 애처롭다
그 누군가를 사랑한다는 것은
괴로움을 마시는 것처럼
독하디 독한 소주 맛입니다

도토리 한 알

숲길을 오르다 산에 오르다 보면
알알이 영근 도토리 발밑으로 떨어져
도르르 구른다

바람이 나에게 주는 선물
여기저기 주워서
호주머니에 넣다 보니 다람쥐
양식까지 줍고 말았구나

다람쥐 몰래 도루 내려놓고 나니
그제야 홀가분한 마음
다람쥐 날으는 날쌘 모습에
저 높은 곳에 남은 도토리
빛나는 양식으로 남게 하소서

손에 쥔 도토리 한 알
넘치는 사랑으로 던져준다

흑두루미

국경 없는 하늘길 따라서 흑두루미
순천만으로 찾아와서 겨울나기를 합니다
연안과 내륙습지가 자연스럽게 연결된
천혜의 자연환경입니다

하늘이 까맣게 뒤덮인 풍경을 보고 싶으시면
순천만으로 오십시오
은빛 아가씨들도 만날 수 있는 곳
짱뚱어탕도 맛보시고 황홀한 광경 속으로
들어가서 하루를 즐겨보십시오

겨울을 약속하며 흑두루미는
시베리아 북쪽으로 비행을 시작합니다
흑두루미와 은빛 갈대들의 속살거림을
갈대숲에서 들어보십시요

샘문시선 1056

샘문뉴스 신춘문예 수상 기념시집

내 마음 꽃밭에서
고욱향 제3시집

발행일 _ 2024년 11월 07일
발행인 _ 이정록
발행처 _ 도서출판샘문
저　자 _ 고욱향
감　수 _ 이정록 교수
기　획 _ 박훈식
편집디자인 _ 신순옥, 한가을
인　쇄 _ 도서출판샘문
주　소 _ 서울특별시 중랑구 동일로 101길 56, (면목동, 삼포빌딩)
전화번호 _ 02-491-0060 / 02-491-0096
팩스번호 _ 02-491-0040
이메일 _ rok9539@daum.net / saemteonews@naver.com
홈페이지 _ www.saemmoon.co.kr (사단법인 문학그룹샘문)
　　　　　www.saemmoonnews.co.kr (샘문뉴스)
출판사등록 _ 제2019-26호
사업자등록증 등록 _ 113-82-76122(사단법인 도서출판샘문)
　　　　　　　　　677-82-00408(사단법인 문학그룹샘문)
　　　　　　　　　104-82-66182(사단법인 샘문학)
　　　　　　　　　501-82-70801(사단법인 샘문뉴스)
　　　　　　　　　116-81-94326(주식회사 한국문학)
샘문사이버교육원 (온라인 원격)-교육부인가 공식교육기관 _ 제320193122호
샘문평생교육원 (오프라인)-교육부인가 공식교육기관 _ 제320203133호
샘문뉴스 등록번호 _ 서울, 아52256
ISBN _ 979-11-94325-86-4

본 시집의 구성은 작가의 의도에 따랐습니다.
이 책의 저작권은 저자와 도서출판 샘문에 있습니다.
무단 전재 및 표절, 복제를 금합니다.

파손된 책은 구입처에서 교환해 드립니다.
본지는 한국간행물 윤리위원회 윤리강령 및 실천요강을 준수합니다.

문집 출간 안내

도서출판 샘문 에서는

베스트셀러 명품브랜드 〈샘문시선〉에서는 각종 시집, 시조집, 수필집, 동시집, 동화집, 소설집, 평론집, 칼럼집, 꽁트집, 수상록, 시화집, 도록, 이론서, 자서전 등 문집을 만들어 드립니다.

도서출판 샘문에서는 저자님의 소중한 작품집이 많은 독자님들에게 노출되고 검색되고 구매하여 읽히고 감상할 수 있도록 그 전 과정을 기획, 교정, 교열, 퇴고, 윤문(첨삭,감수), 디자인, 편집, 인쇄, 제본, 서점 등록(납품,유통), 언론홍보, SNS홍보 등, 출판부터 발매 까지의 전략을 함께해 드립니다.

📖 출판정보

샘문시선은 도서출판비를 30% 인하 하였습니다. 국제원자재값 폭등으로 인하여 문집 원자재인 종이값 등이 3번에 걸쳐 43% 상승하였으나 이를 반영하지 않았습니다.

📣 저자가 필요한 수량만큼 드리고 나머지는 서점 유통

📣 시집 표지는 최고급으로 제작함 - 500부 이상

📣 제목은 저자 요청시 금박, 은박, 에폭시로도 제작함

📣 면지는 앞뒤 4장, 또는 칼라 첨지로 구성해드림

📣 본문은 100g 미색 최고급지 사용함(눈 보안용지, 탈색방지)

📣 본문 200페이지 이상은 80g 사용

📣 저서봉투 - 고급봉투 인쇄 무료 제공

📣 출간된 책 광고(본 협회 =〉) 홈페이지, 샘문뉴스, 내외뉴스, 페이스북 13개그룹(독자& 회원 10만명), 카페 3개, 블로그 2개, 카톡단톡방 12개, 유튜브, 카카오스토리, 인스타그램, 문예지 4개, 문학신문 등)

📣 견적 ▷ 인세 계약서 작성 ▷ 기획 ▷ 감수 ▷ 편집 ▷ 재감수 ▷ 재편집 ▷ 인쇄 ▷ 제본 ▷ 택배 ▷ 서점 13개업체 납품 ▷ 저자에게 납품 ▷ 유통 ▷ 홍보 ▷ 판매 ▷ 인세지급

📣 출판기념회는 저자 요청시 본사 문화센터(대강의실) 무료 대여 가능(70명 수용가능) 현수막, 배너, 무대 조명, 마이크, 음향, 디지털 빔, 노트북, 줌시스템, 모니터, 컴퓨터, 석수, 커피, 차, 무료 제공

📣 저자 요청시 저자의 작품 전국대회에서 수상한 시낭송가가 낭송하여 유튜브 동영상 제작 =〉 출판기념식 및 시담 라이브 방송

📣 저자 요청시 네이버 생방송 출판기념회 가능(유튜브 연동) - 네이버 라이브 커머스쇼

📣 뒷 표지에 QR코드 삽입가능 - 저자의 작품 시낭송 유튜브 동영상 등(요청시)

📣 교정, 교열, 감수, 윤필(첨삭감수), 평설, 서문 등(유명한 시인, 수필가, 소설가, 문학평론가, 항시 대기)

문집 출간 안내

📖 빅뉴스

이정록 시인의 〈산책로에서 만난 사랑〉이 네이버 선정 베스트셀러로 선정 된 이후 〈내가 꽃을 사랑하는 이유〉, 〈양눈박이 올프〉, 〈꽃이 바람에게〉, 〈바람의 애인, 꽃〉시집이 연속 교보문고 베스트셀러에 선정 되고 5권 전부 출간 순서대로 골든존에 등극하였다. 평생 한 번도 어렵다는 자리를 이정록 시인은 5년 동안 5번에 오르고 현재도 이번 2022년 5월경에 출간된 [바람의 애인, 꽃] 영문판과 [담양장날]이 출간을 기다리고 있다

〈서창원 시인, 2회〉, 〈강성화 시인〉, 〈박동희 시인〉, 〈김영운 시인〉, 〈남미숙 시인〉, 〈최성학 시인〉, 〈이수달 시인〉, 〈김춘자 시인〉, 〈이종식 시인〉 외 한용운문학상 수상 시인인 〈서창원 수필가〉, 〈정세일 시인〉, 〈김현미 시인〉가 올랐고, 2022년 올 봄에는 〈정완식 소설가〉 『바람의 제국』 이 소설집으로는 최초로 『네이버 선정 베스트셀러』 반열에 올랐고, 〈이동춘 시인〉에 『춘녀의 마법』 시집이 『네이버 선정 베스트셀러』 반열에 올랐다. 그리고 컨버전스공동 시선집과 한용운공동 시선집도 간간히 베스트셀러를 하고 있는 〈베스트셀러 명품브랜드〉 『샘문시선』 이다

〈샘문시선〉은 〈베스트셀러_명품브랜드〉로서 고객님들의 〈평생가치를 지향〉하는 〈프리미엄 브랜드〉입니다. 고객이신 문인 및 독자 여러분, 단체, 기관, 학교, 기업, 기타 고객분들을 〈평생고객〉으로 모시겠습니다. 많은 사랑 부탁드립니다

📖 샘문특전

📣 교보문고, 영풍문고, 인터파크, 알라딘, 예스24시, 11번가, Gs Shop, 쿠팡, 위메프, G마켓, 옥션, 하프클럽, 샘문쇼핑몰, 네이버 책, 네이버쇼핑몰, 네이버 샘문스토어 등 주요 오프라인 서점, 온라인 서점, 오픈마켓 서점에서 공급 및 유통하고 있습니다.

📣 기획, 교정, 편집, 디자인에 최고의 시인 및 작가, 편집가, 디자이너, 평론가, 리라이팅(첨삭 감수) 및 감수 전문가들이 참여하여 감성, 심상이 살아 있는 시집, 수필집, 소설집, 등 각종 도서를 만들어 드립니다.

📣 인쇄, 제본, 용지를 품질 좋은 우수한 것만 사용합니다.

📣 당 출판사 〈한용운공동시선집〉, 〈컨버전스공동시선집〉과 〈한국문학공동시선집〉, 〈샘문시선집〉을 자사 신문인 〈샘문뉴스〉와 제휴 신문인〈내외신문〉, 글로벌뉴스와 홈페이지(2군데), 샘문쇼핑몰, 네이버 샘문스토어, 페이스북, 밴드, 카페, 블로그를 합쳐서 10만명의 회원들이 활동하는 SNS 20개 그룹 공개 지면 및 공개 공간을 통해 홍보해 드립니다.

📣 당 출판사를 통해 국립중앙도서관 및 국회도서관 및 전국 도서관에 납본하여 영구적으로 보존해 드립니다.

📣 당 문학그룹 연회비 납부 회원은 30만원 상당에 〈표지용 작품〉을 제공 받습니다.